スポーツ
メンタルコーチング

「聞く」×「伝える」で生み出す
コミュニケーション

スポーツメンタルコーチ 一般社団法人フィールド・フロー
著 柘植 陽一郎　柘植 晴永

イースト・プレス

はじめに

現場ではもったいないことが起きている

ここ数年、多くのスポーツ現場で大きな変化を感じています。それはさまざまな出会いのなかで、「選手一人ひとりの個性をもっと理解しよう」といった主体性を大事にされ、取り組まれている指導者との出会いが増えてきたことです。

これまでの現場では、選手も指導者も同じ目標を掲げ、それぞれ多彩な経験や無限の可能性を持ちながらも、共有できずにどこかすれ違いが起きているように思えることが多々ありました。「もっと上手くなってほしい」「強くなってほしい」「成長してほしい」という本来は素敵なはずの思いが、一方的に伝えるだけになり、時にはその一方的な想いや指導が度を超えてしまうことで、好きではじめたスポーツが嫌いになって辞めてしまう選手の声も聞いていました。これは本当に悲しいことですし、指導者にとっても決して本意ではなかったはずです。

本書で登場された指導者の皆さんは、フィールド・フローで学んだ卒業生だけでなく、素敵なご縁からつながった方々もおり、それぞれが起こされた変化の実例がなければ、この本は表面的な内容で終わってしまっていたかもしれません。本書で紹介している「聞く」と「伝える」を自分らしく取り入れ、すぐに実践してくださった皆さまに心から感謝を申し上げます。また何より嬉しいことは、「これまで以上に指導が楽しくなった」といった皆さんからの共通する言葉です。これからも私たちができることを、卒業生や指導者の皆さんと一緒に取り組んでいきたいと思っています。

本書では、スポーツメンタルコーチングの基本のなかでも「聞く」と「伝える」に焦点を当て、現場ですぐに実践できる関わり方を中心にご紹介しています。皆さんの指導が今よりももっと楽しくなり、選手たちと一緒に楽しく真剣に、スポーツに取り組めるワクワクする未来が拡がることを切に願っています。

スポーツメンタルコーチ
柘植 陽一郎
柘植 晴永

CONTENTS

PART 4

聞く＋伝えるを広げる
——選手間、コーチ陣、保護者——

PART 5

指導者あるあるQ&A

PART

1

自分の現在地を知る

自分の現在地を確認する

自分を俯瞰的や客観的に観察する

　本書を手に取っていただいた皆さんは、選手たちやコーチ陣、父兄や関係者とよりよいコミュニケーションを築きたいと思われているでしょう。指導者も選手も関係者の方々も、「チームを強くしたい」「チームをもっとよくしたい」という根底の思いは同じだと思います。指導者のコミュニケーションは、**チーム全体のコミュニケーションの土台となり、チームの雰囲気や場が変わる大きな要素**になります。そのためには、コミュニケーションをアップデートする（進化させる）ことが大切です。この第一歩として、まずは自分を含めたチーム全体を客観視し、コミュニケーションの現在地を見える化してみましょう。指導者が少しコミュニケーションを変えるだけでも、選手のモチベーションや取り組む姿勢に変化が生まれます。

　ジュニアから大人までを対象にしたテニススクールのコーチに起きた変化を紹介します。彼は当初、「おはよう、今日は何をやる？」と、選手と会うなりレッスンプログラムの選択からスタートしていたそうです。それがコミュニケーションを学ぶことで、「おはよう、最近の調子はどう？」「今日はどんな練習がやりたい？」「なんでその練習をしたいの？」と、まずは選手の現状を聞く会話に変わったそうです。選手たちは、最近の出来事を振り返りながら話してくれ、彼は現状の把握ができるようになりました。そして選手たちから「今日はこれがやりたい」という言葉が返ってくるようになり、選手発信のプログラムをメインにレッスンを展開するようになったそうです。これまでは自分目線でスタートしていたレッスンが、選手目線に変わることで、選手のモチベーションや取り組む姿勢に大きな変化が生まれたと嬉しそうに話してくれました。

　こうした変化を感じられるようになるためにも、まずはコミュニケーションの「現在地」を確認しましょう。その際に、ぜひとも図の視線を持ってみてください。この図は自分もチームの登場人物の1人であることを示しています。普段は自分を除いた選手やスタッフ陣を見がちですが、**自分も含めてチームを見ることで、選手に対する想いや自分が大切にしていることがより明確になります。**

　次のページから「指導者としての自分軸」「現状で選手の話を聞けているか」「現状で選手にうまく伝えられているか」という3つの項目に、5つずつ質問があります。それぞれの項目に直感でかまいませんので、1から10の点数をつけ、その点数をレーダーチャートに書き込んでください。そして自分の現在地を客観視してみましょう。

チームの登場人物

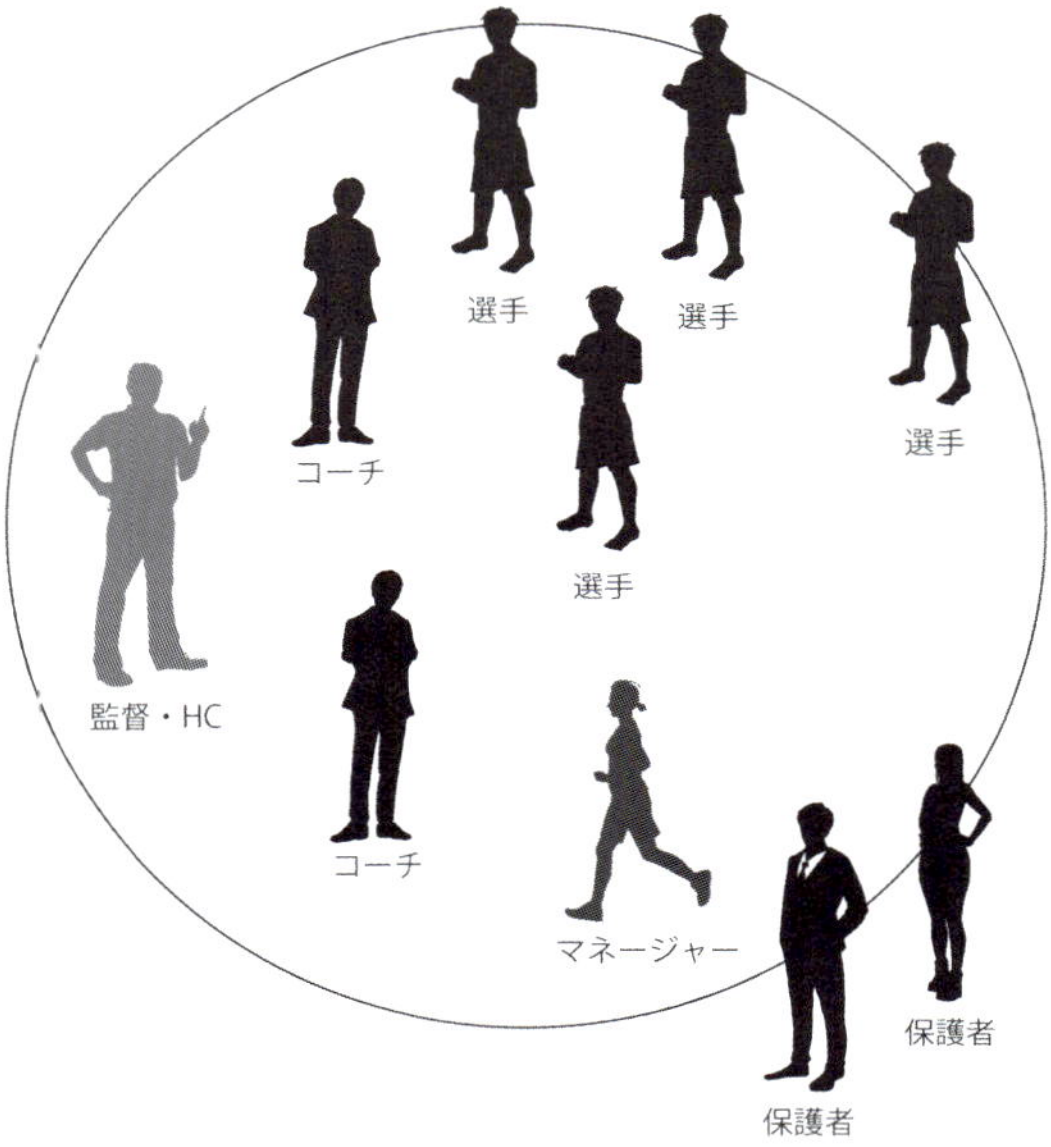

質問
01

指導者としての軸はなに？

1 勝利に重きを置いているか、
選手の成長に重きを置いているか

1 ～ 10
勝利に重き ／ 選手の成長

2 主体的な成長を望んで実行しているか

1 ～ 10
望んでいないもしくは実行していない ／ 望んでいる実行している

3 自分が技術や戦術をすべて指導しているか

1 ～ 10
指導している ／ 指導していない

4 限られた時間で起こしたい変化が明確にある

1 ～ 10
明確ではない ／ 明確にある

5 この経験を踏まえてどのような大人（人間）に
なってもらいたいかが明確にある

1 ～ 10
明確ではない ／ 明確にある

※1点が悪い、10点がよいという質問ではありません。現状の把握をしてどうしたいかという進む方向の指針として確認してください

今の指導者軸

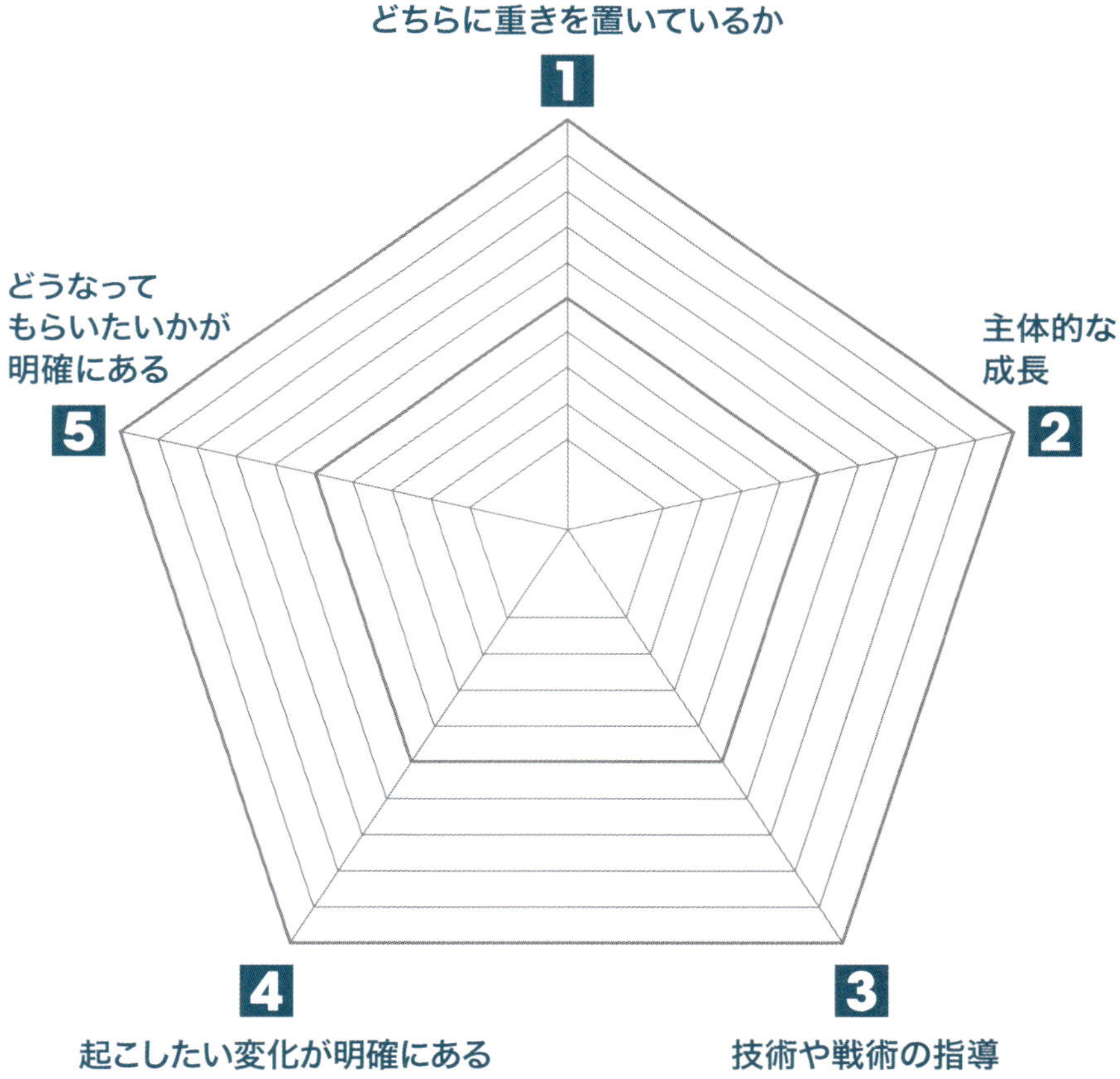

やってみて感じたことは？

質問
02

[選手の話を聞けているか？]

1 選手の話を聞く時間を作れているか

1 ―――――――――― 10
作れていない　作れている

---

2 選手と1対1で話ができているか

1 ―――――――――― 10
できていない　できている

---

3 すべての選手と話ができているか

1 ―――――――――― 10
できていない　できている

---

4 選手の話に口を挟まず最後まで聞けているか

1 ―――――――――― 10
聞けていない　聞けている

---

5 選手の悩みを把握できているか

1 ―――――――――― 10
できていない　できている

今の指導者軸

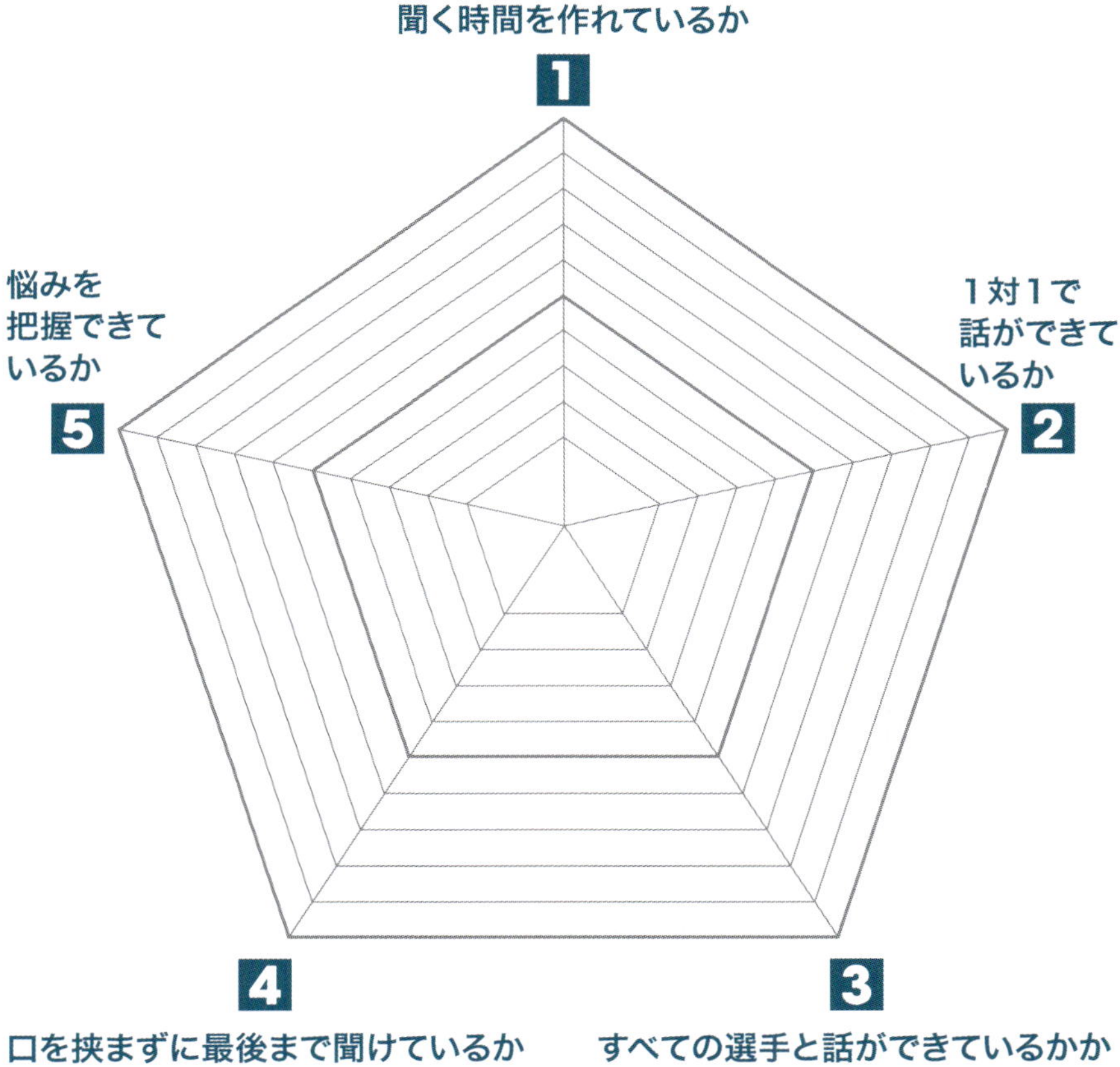

やってみて感じたことは？

....

....

....

....

....

質問 03

[選手にうまく伝えられているか?]

1 伝え方に工夫をしているか

1 ― 10
していない ― している

2 選手の話を聞いてから伝えているか

1 ― 10
そうしていない ― そうしている

3 相手の気持ちを踏まえた伝え方ができているか

1 ― 10
きていない ― できている

4 話が長すぎないか

1 ― 10
長すぎる ― ちょうどよい

5 自分の考えや目的が選手たちに伝わっているか

1 ― 10
伝わっていない ― 伝わっている

選手に伝えられているか

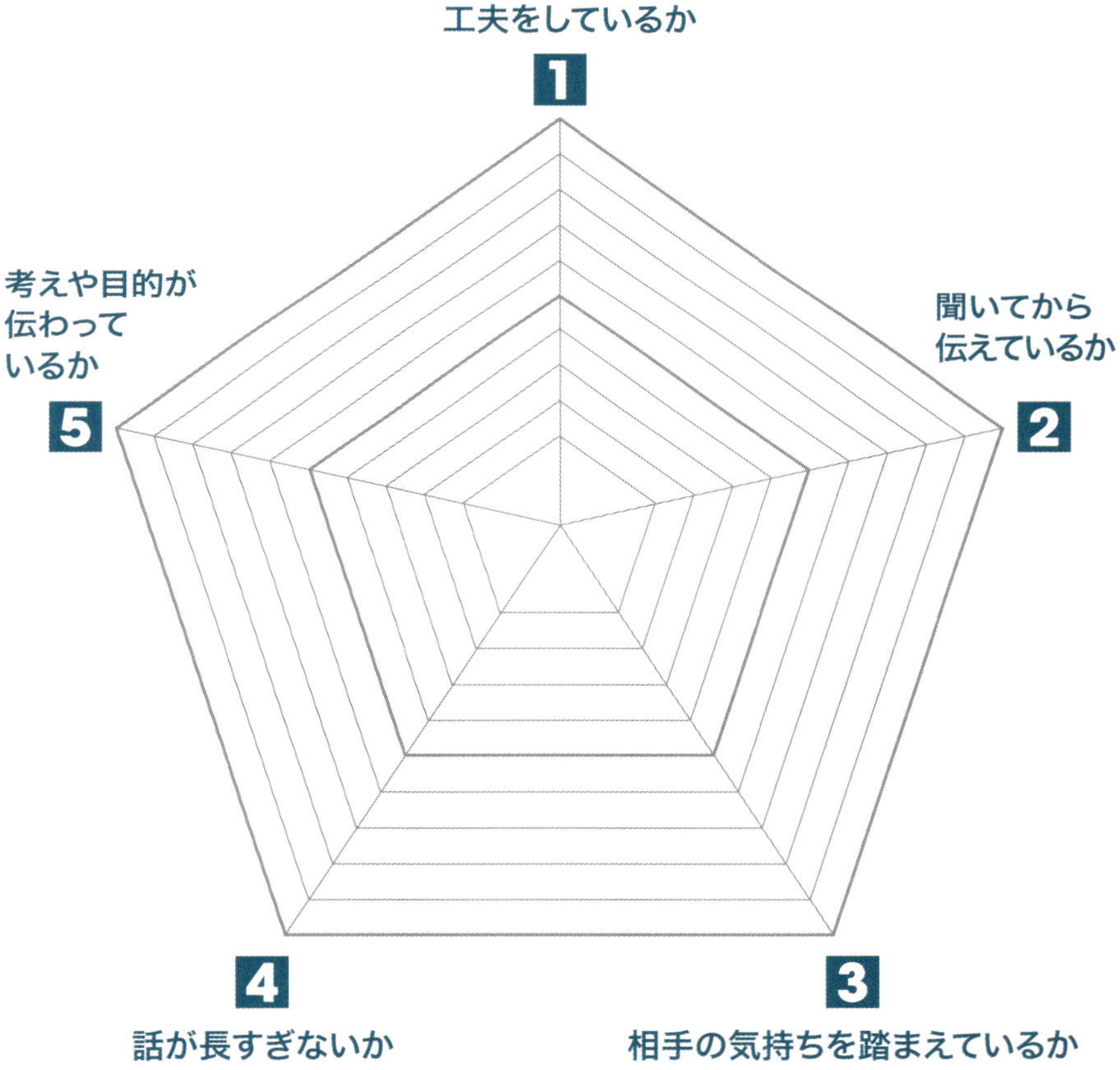

やってみて感じたことは？

解答例と回答のパターン

他の方の回答にはヒントがある

自分の現在地をなんとなく見える化できたでしょうか？

見える化してみていかがでしたか？

ここからは「聞く」「伝える」を学んだことのある4人の指導者の回答を紹介しますので、参考にしてみてください。皆さんには、コミュニケーションについて学ぶ前と学んだ後の状態と、それによって起きた変化を自己分析してもらいました。右のページでは、「指導者としての軸はなに？」「選手の話を聞けているか？」「選手にうまく伝えられているか？」の3要素について、変化が見える化されています。そして左のページでは、振り返って自分や選手にどのような変化があったのかについて書いています。また、指導者の皆さんの自己分析を受けて、私からもコメントさせていただきました。**「聞く」＋「伝える」のコミュニケーションによって何が変わるのか、どんなことが起こりうるのかがイメージしやすい**と思います。本書で紹介するコミュニケーションを身につけた指導者の変化をお読みいただき、皆さんが指導の現場でどのような変化を生み出したいのかを想像してください。**目指す姿をイメージ**しながらパート2にお進みいただくと、より実践しやすいかと思います。

なお28ページからは私たちが選手と関わる際に大事にしている6つの信念を紹介しています。こちらもぜひ、参考にしてみてください。

野球部 監督

After
アフター

Before
ビフォー

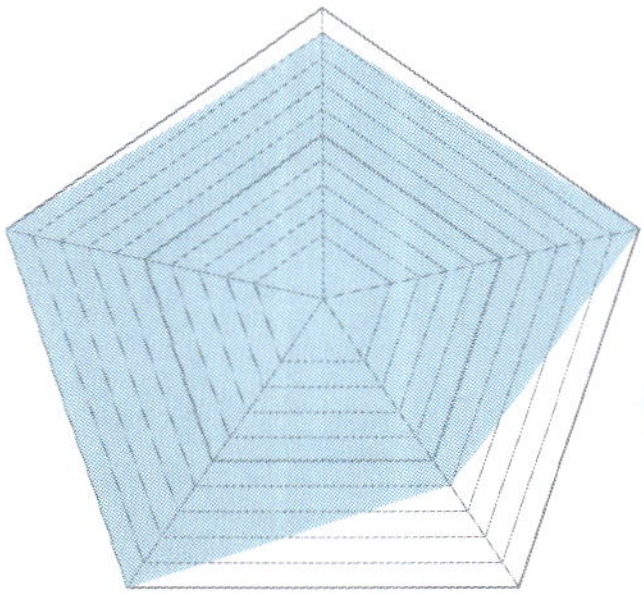

質問01
指導者としての
軸はなに？

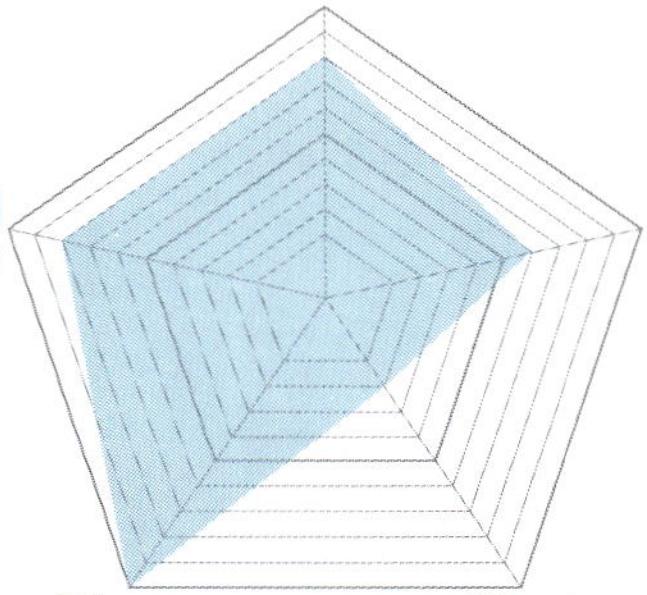

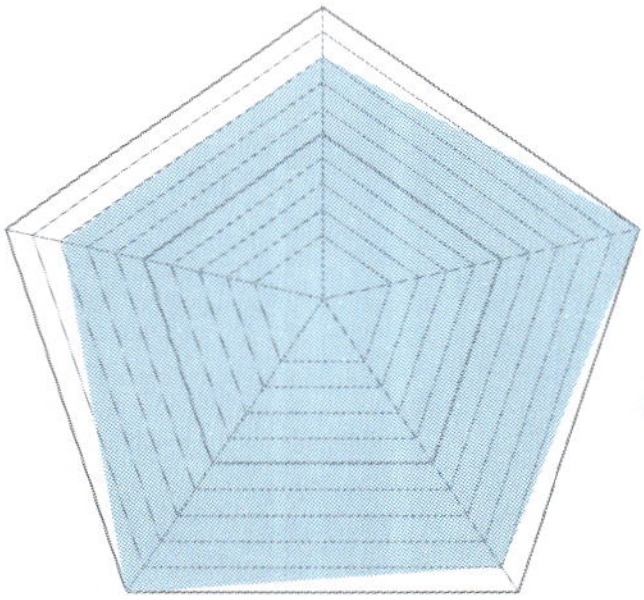

質問02
選手の話を
聞けているか？

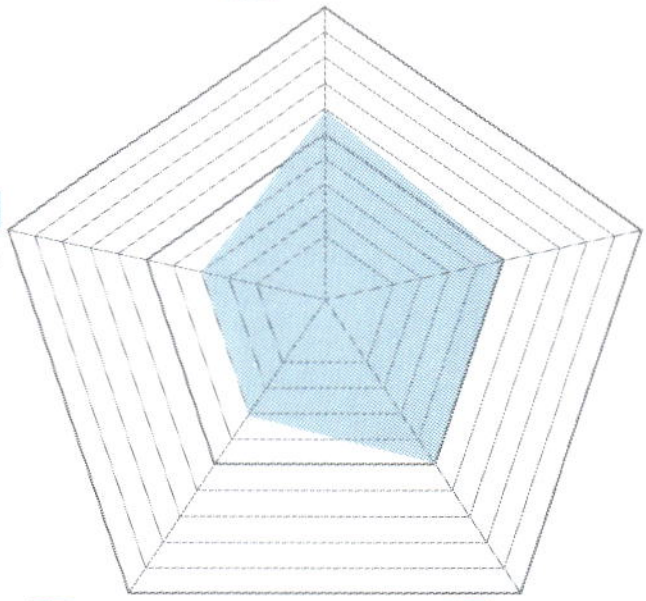

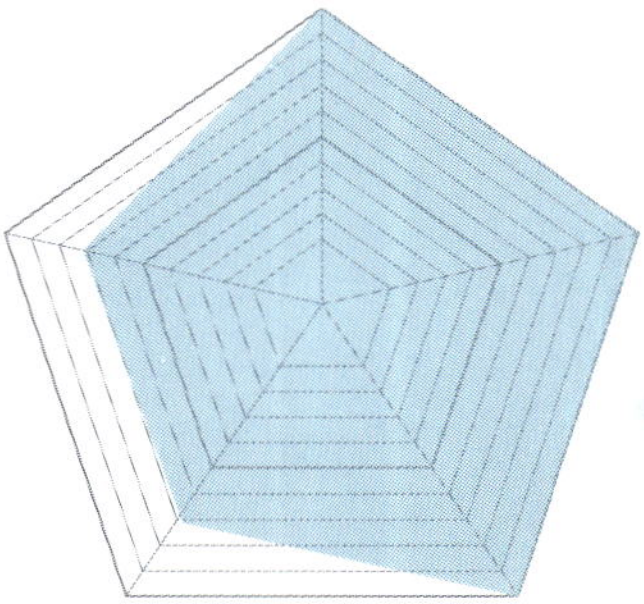

質問03
選手にうまく
伝えられているか？

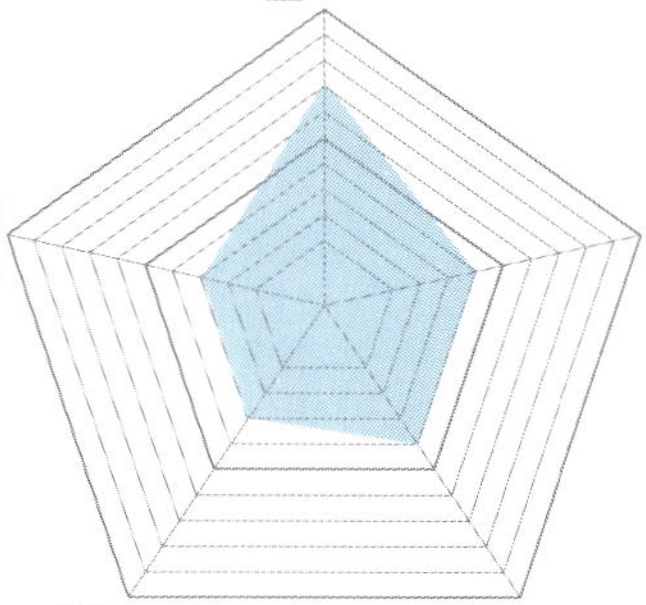

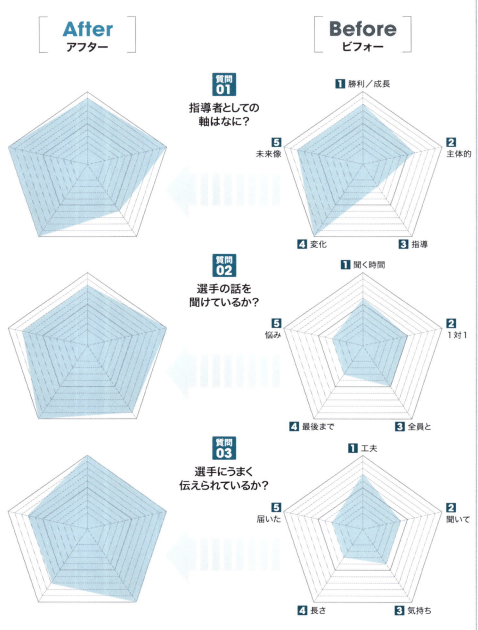

やってみて感じたことは？（どんな変化があったのか？）

以前の自分を振り返ると、「あれもこれも教えたい」「なんでできないんだよ」という自分がいたと思います。そして「なんで伝わらないんだろう」「俺言っただろ」と怒ることも多かったです。例えばバッティングで「強打しろ」と言った場合、その場はやるんですがすぐに元に戻る。結局僕の考えを言っていたので、選手は自分のこととして受け取っていなかったのです。学んだ後は全般的に自分に余裕が持てるようになりました。それが聞く姿勢や伝える内容によい変化を生んでいると思います。選手たちが「こんなことをしてみたい」と要望を言ってくれるようになり、表情も明るくなるなど、よいチームになってきていると感じています。

「役に立ちたい」「成長してほしい」「上手くなってほしい」といった気持ちが強くあるからこそ、怒ることもあったのだと思います。その思いを大事にしながらも、選手の話を最後まで聞いてあげられるようになったことは大きいですね。選手個々の考えや悩みなどを知ることで、選手それぞれに合わせた対応ができます。そうした対話から監督に対する信頼感も増したのではないでしょうか。選手の考えがわかるようになったから、自分に余裕が持てるようになったのかもしれません。選手が要望を言ってくれるようになったというのは、本当に素敵な変化ですね。

バレーボール部 コーチ

After
アフター

Before
ビフォー

質問
01
指導者としての軸はなに？

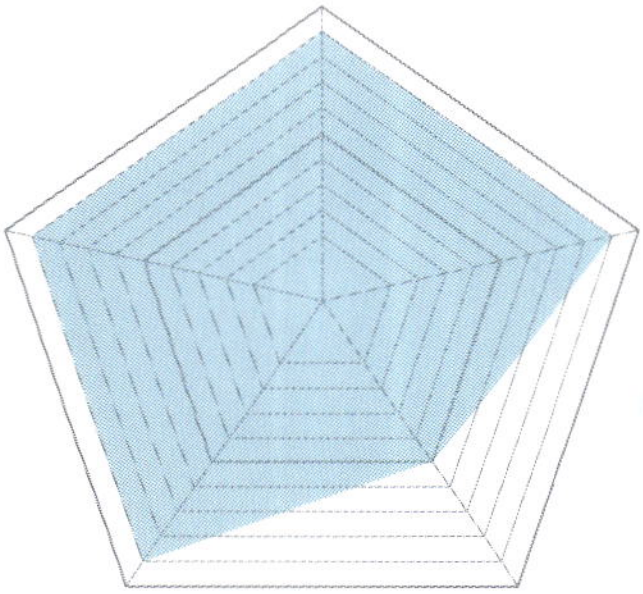

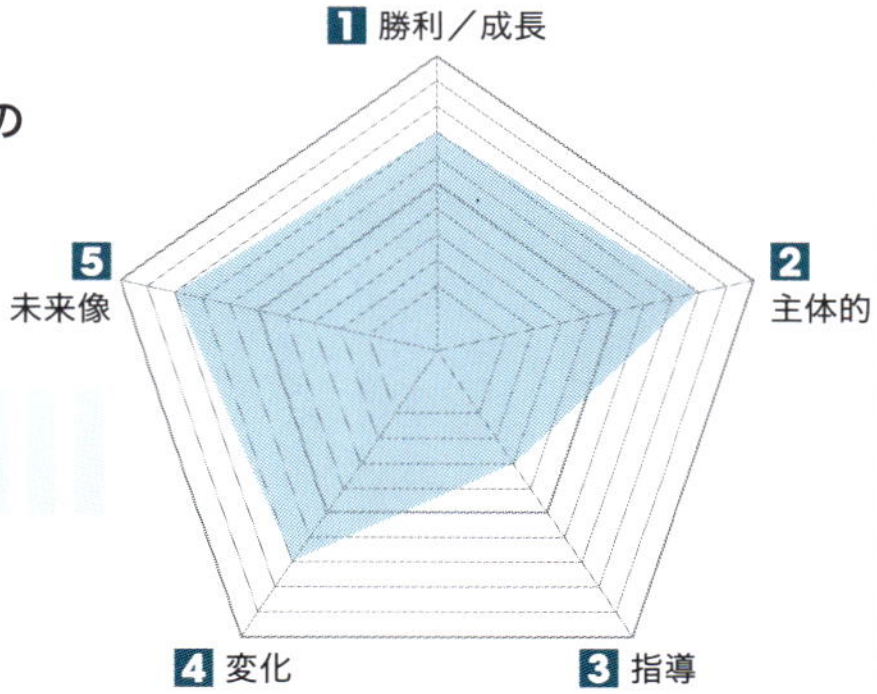

質問
02
選手の話を聞けているか？

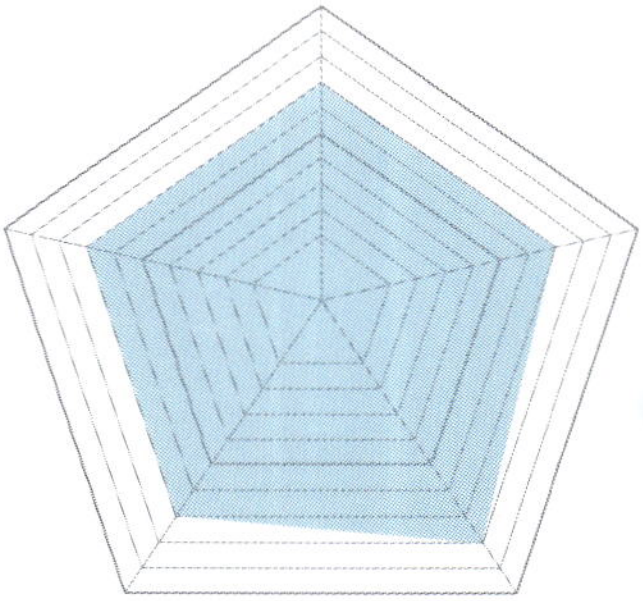

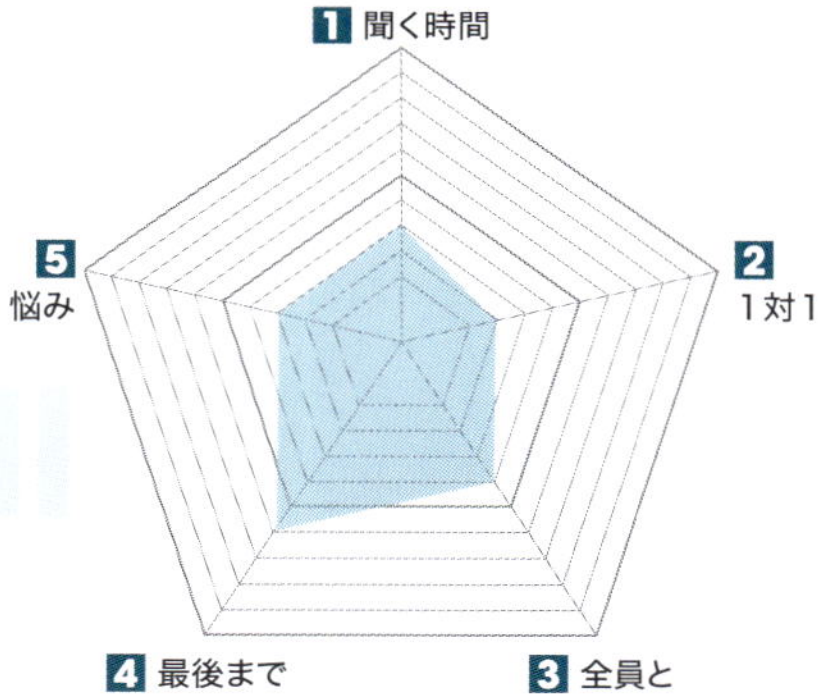

質問
03
選手にうまく伝えられているか？

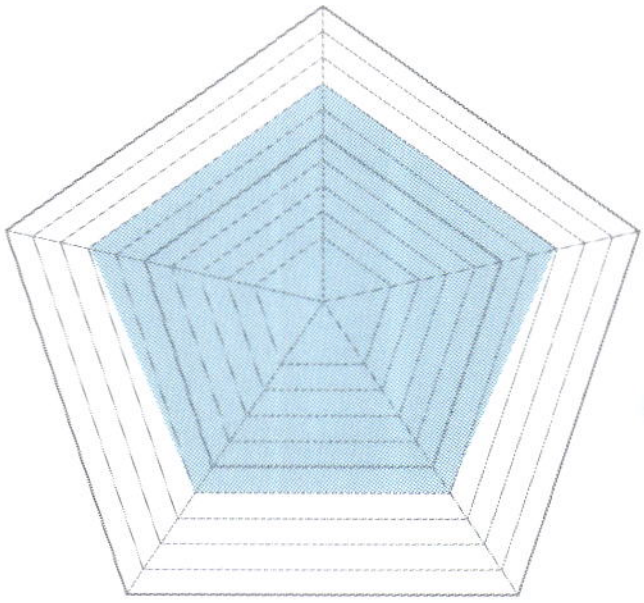

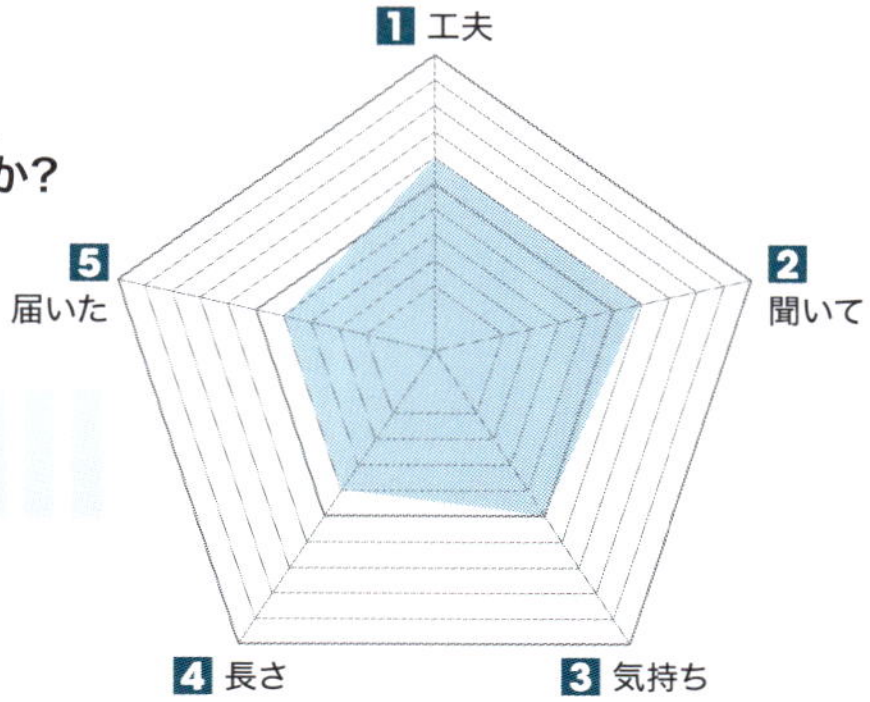

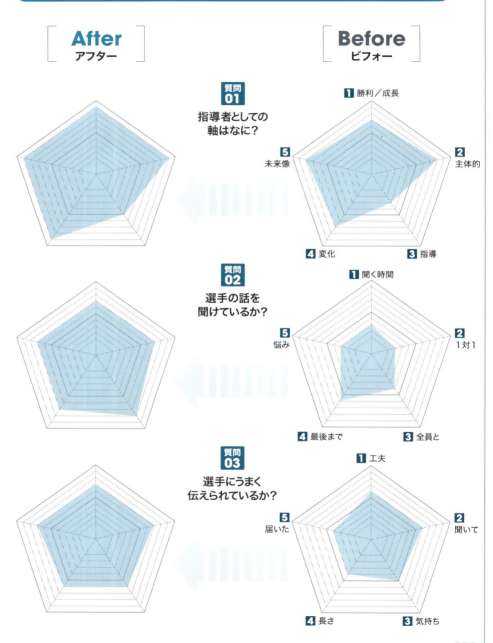

やってみて感じたことは？（どんな変化があったのか？）

指導者としての軸については「人として成長をしてもらいたい」「限られた時間で変化を起こしたい」など、できていたかは別として、そのような気持ちで指導していることは以前から変わりません。けれども聞くについては、ほとんどできていませんでしたね。仮に聞く時間を作ったとしても、抽象的な質問に終始したり、選手が話終える前にさえぎって話すこともありました。伝えるは自分なりにやっていたつもりでしたが、自分の経験や代表選手たちを見てきた内容を伝えることが多かったです。それが選手自身の感覚はどうなのかを把握した状態で伝えることが多くなりました。最近は練習時に1人の選手と話す時間を作るようにしています。それによって選手たちも私のことを見てくれていると感じてくれているように思います。

限られた時間での指導を考えると、一人ひとりと話しをする余裕はないと思われがちですが、実は丁寧に話を聞くことで効率的な変化を生み出すこともできます。この方も触れているように、「具体的に聞く」「最後まで聞く」は大切なポイントですね。また、選手自身の感覚も把握できるからこそ、的確なアドバイスが可能になります。練習時に積極的に選手と話す時間を作るようにしていることは素晴らしいことですね。選手の人数が多いチームであれば、まずは１人の選手からでよいので、いつもより少し丁寧に聞くところから始めてみるとよいでしょう。

テニススクール コーチ

After
アフター

Before
ビフォー

質問
01
指導者としての
軸はなに？

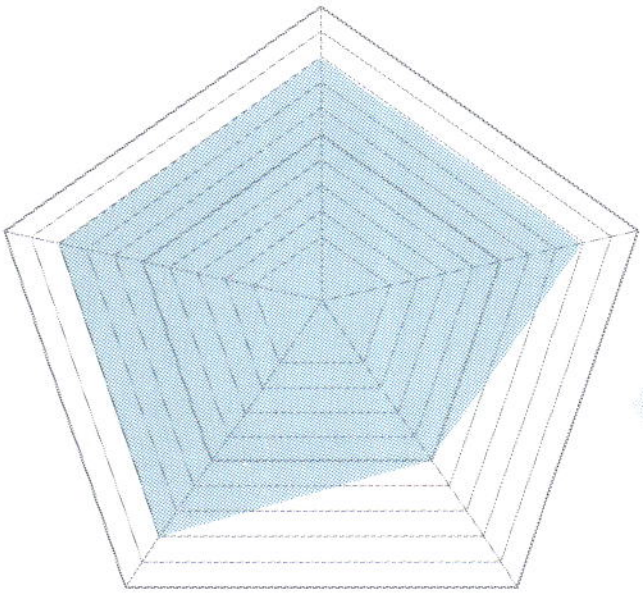

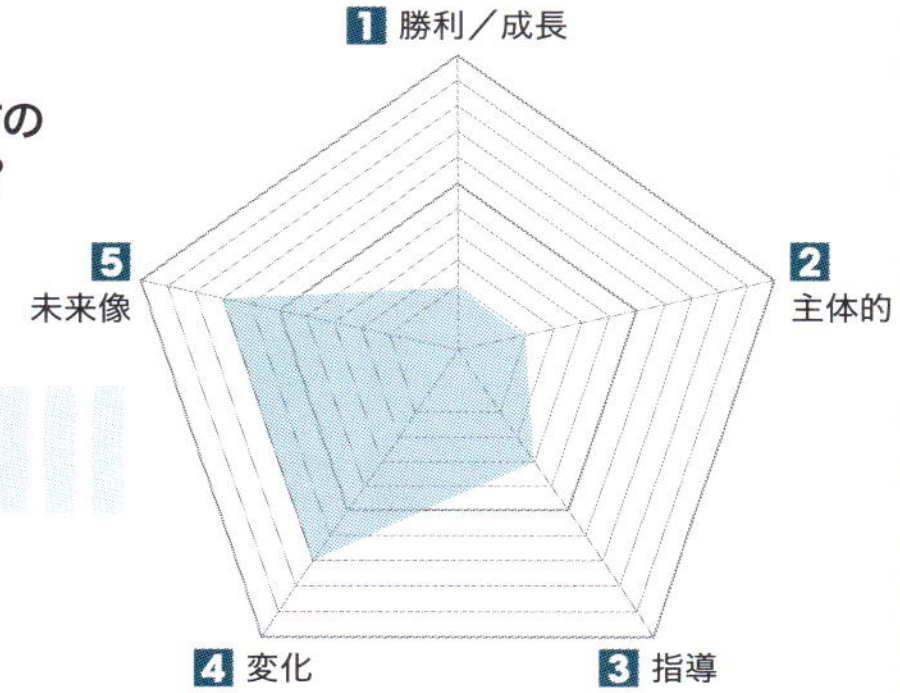

質問
02
選手の話を
聞けているか？

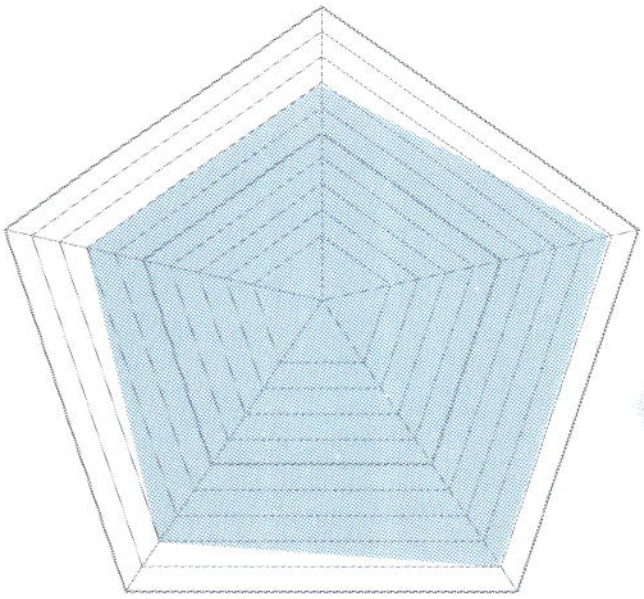

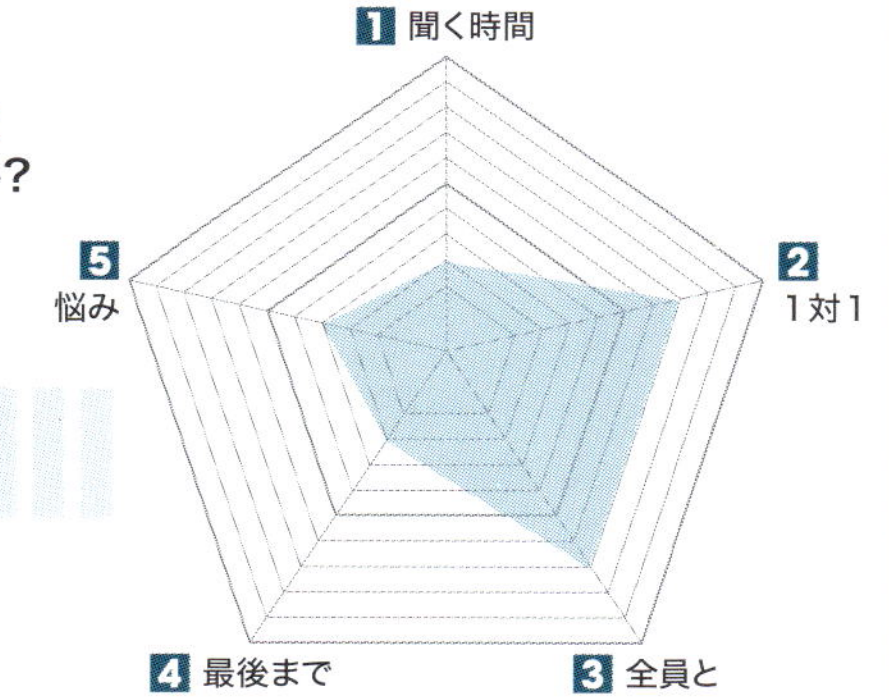

質問
03
選手にうまく
伝えられているか？

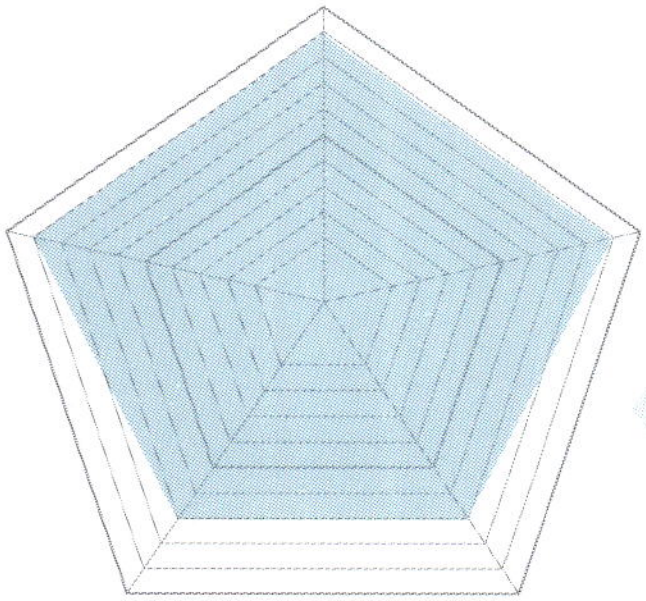

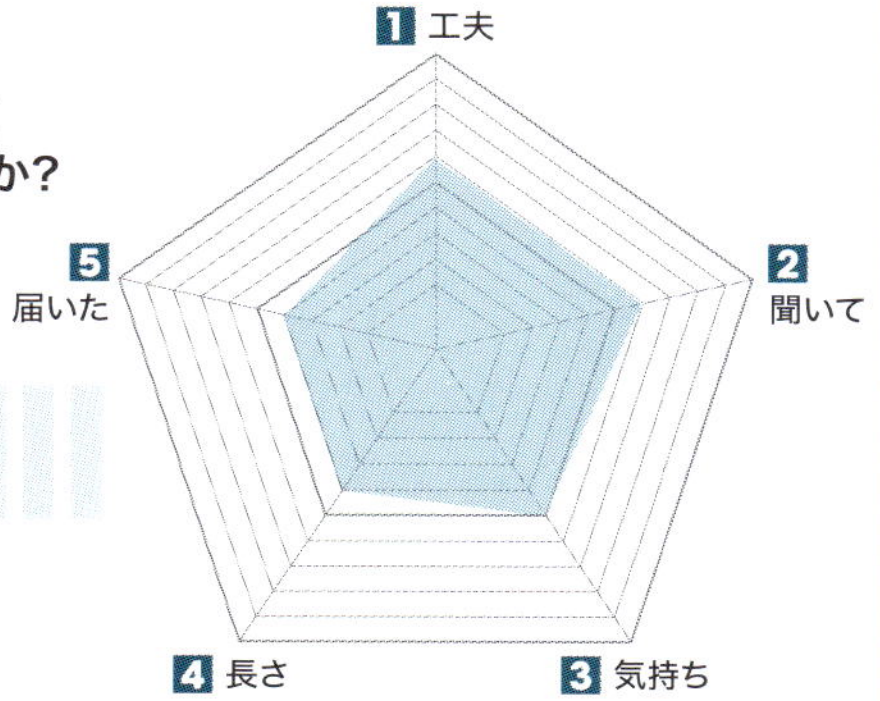

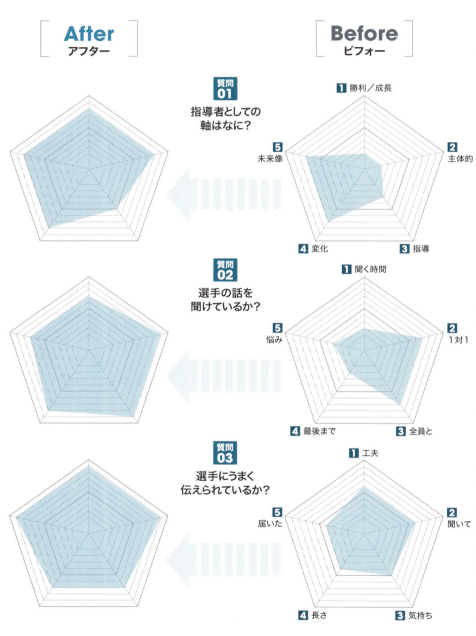

やってみて感じたことは？（どんな変化があったのか？）

指導者としての軸を振り返ると、「結果がすべてだ！」という考えがベースにあり、それがすべての行動に表れていました。選手に対して主体的な成長を望むよりも「これをすれば勝てる」「やらないから勝てないんだよ」と言い続けていました。その反面目標設定は確実に共有できていました。聞くについては、まったく聞けてなかったです。1対1で話はしていましたが、ほとんど僕が話す時間でしたね。伝え方について工夫はしていました。そうしなければスクールを辞めてしまいますので。自分の考えや目的もそうです。こうして振り返ると自分の世界観を押し付けたレッスンがメインでしたが、聞けるようになったことで、選手の自主性・主体性を引き出せるようになってきました。

競技特性やスクールという仕事の特性もあり、以前から１対１で話す時間は確保できていたものの、コミュニケーションの時間は大半がコーチから伝える時間だったようです。１人ひとりと話す時間が取れていただけに、「コミュニケーションはしっかり取れている」と考えていたのかもしれませんね。そして、「これをすれば勝てる」「やらないから勝てないんだよ」という自分の世界観を押し付けていたとのことですが、そこから「選手の自主性・主体性を引き出せるようになった」のは素晴らしいことですね。

体操教室 コーチ

After
アフター

Before
ビフォー

質問 01

指導者としての軸はなに？

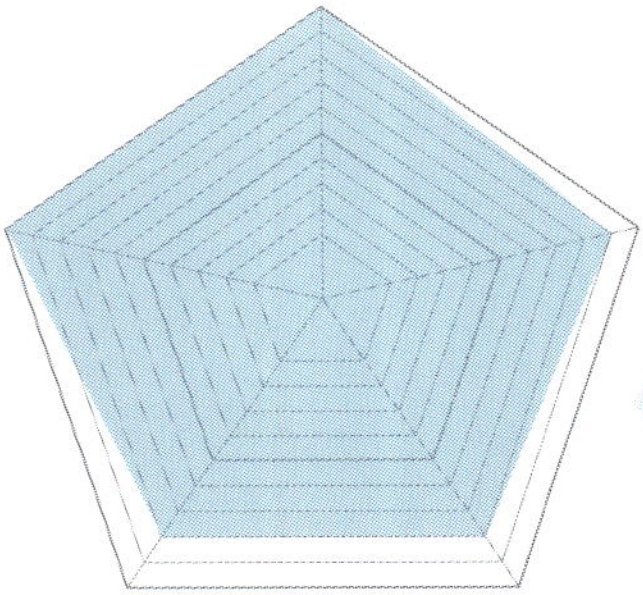

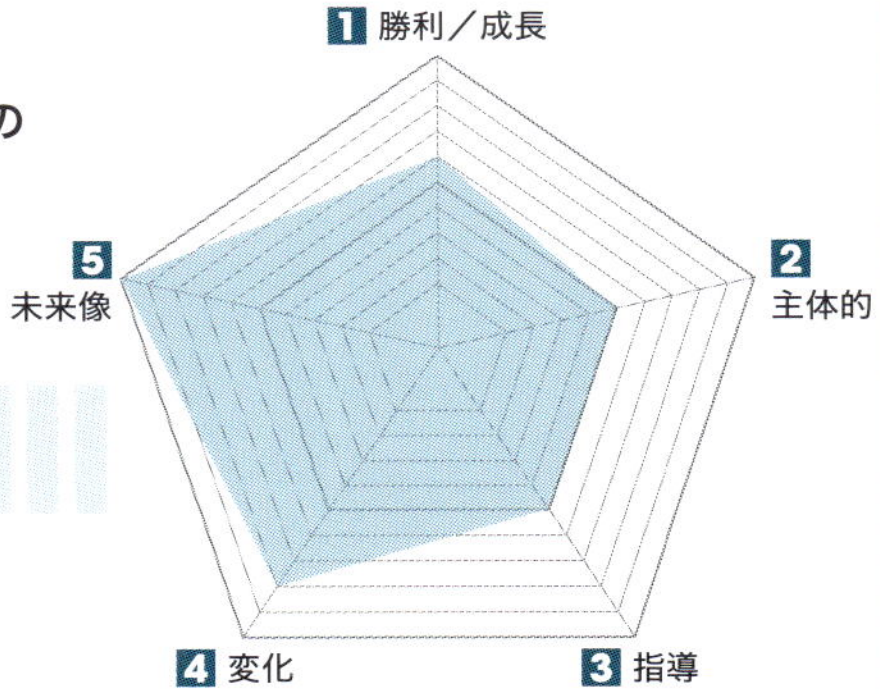

質問 02

選手の話を聞けているか？

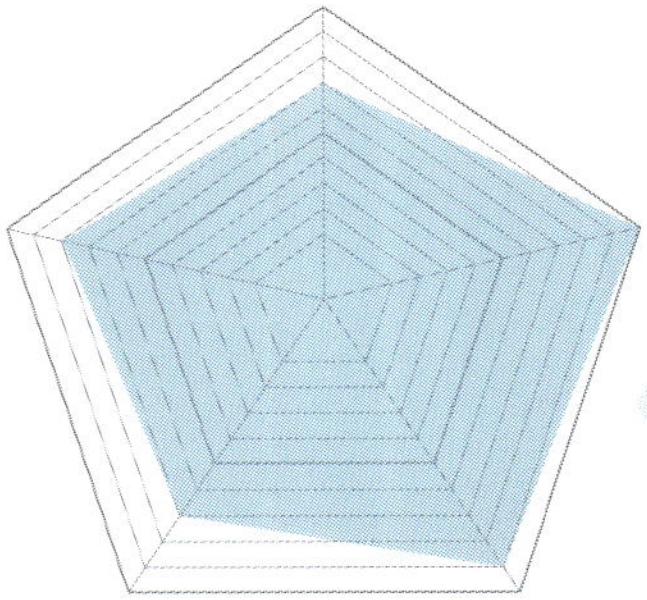

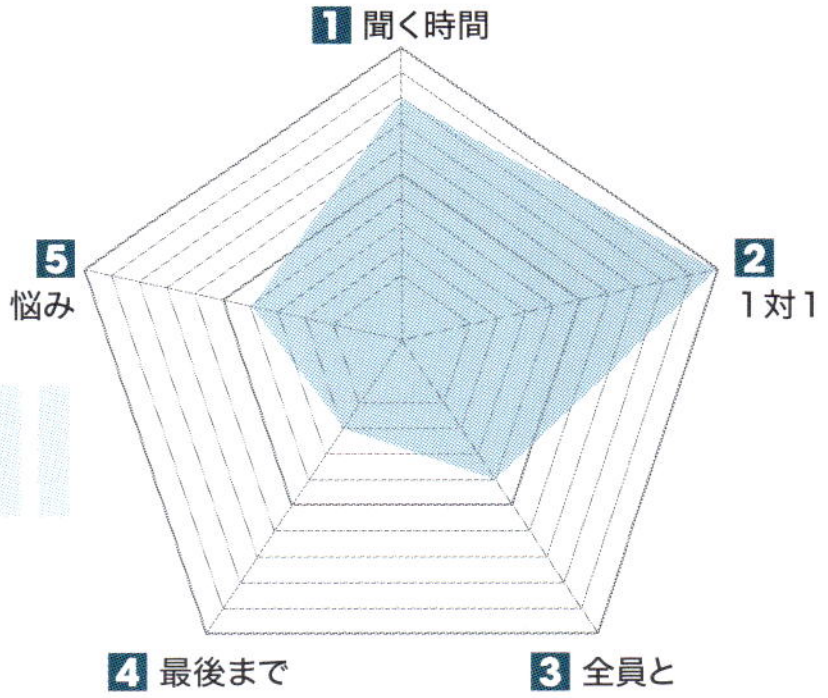

質問 03

選手にうまく伝えられているか？

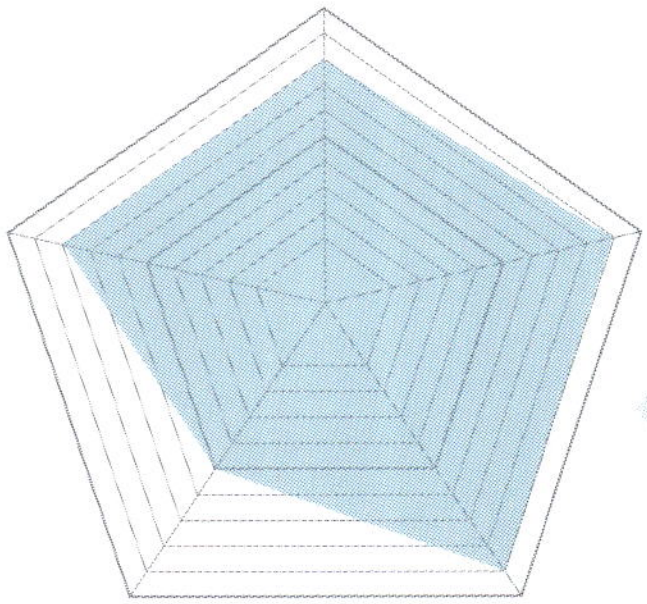

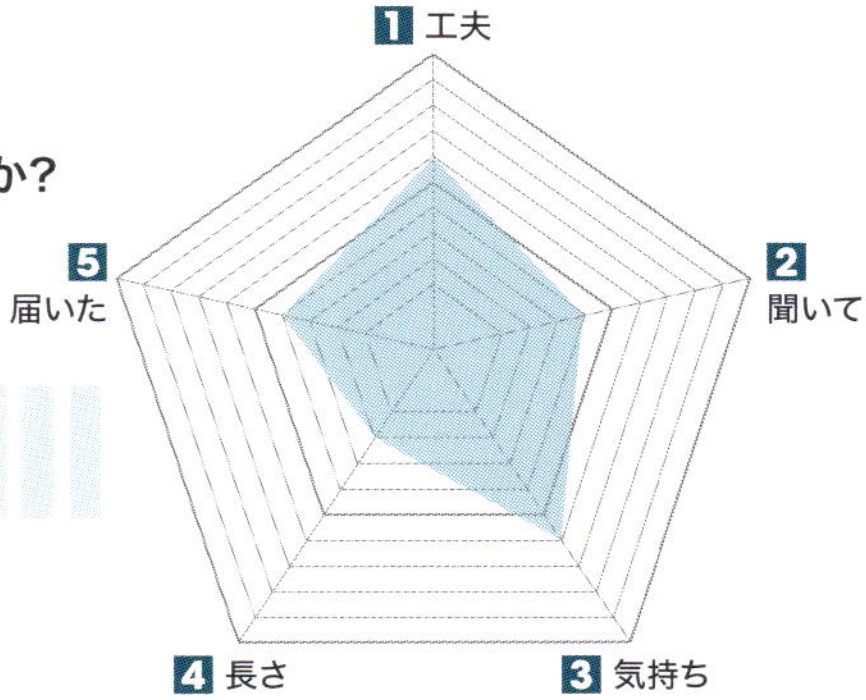

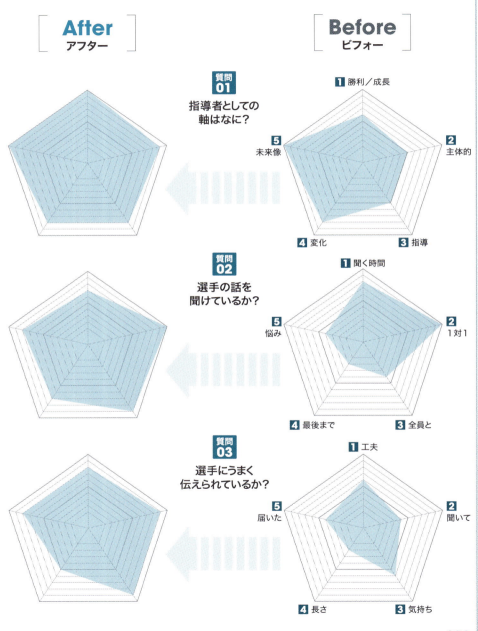

やってみて感じたことは？（どんな変化があったのか？）

指導者の軸を見て感じたことは、以前は自分の実績や名声を重視していて、それが勝利に重きを置くことにつながっていたのでしょう。選手の成長にフォーカスしていることは今も変わりませんが、以前は動機が自分のほうを向いていたように思います。聞くことも伝えることもやっているつもりでした。ただ「つもりだったんだな」とすごく感じました。選手の話をしっかりと聞き、考えていることや想いを深堀りすることで、よい変化が生まれています。私や他の選手の経験は当人にとって所詮他人の出来事ですが、本人が発信した意見を元に実施することで、選手は自分事として物事を捉えるようになっています。こうして自分を振り返ることも大事ですね。

柘植コメント

動機がどこに向いているのか見逃しがちですが、とても大切なポイントですね。どこに指導者の動機があるのかを、繊細に感じ取る選手もいるかもしれません。あえてこうして俯瞰して確認することは大事です。他者の経験を伝えるよりも、より自分ごととして主体性を持たせるためにも、聞くことを大事にされていますね。みなさんもぜひ、聞いているつもりになっていないか、改めて普段のコミュニケーションを思い返してみてください。

6つの信念と自分の心の状態

私たちが常に大切にしていること

18ページで触れた、**私たちが選手と関わるときに大事にしている信念**を紹介します。それは、①人は一人ひとり、まったく違う存在、②人はそもそも好奇心が豊かな存在、③人は創造性に富んだ存在、④伸びしろは無限大、⑤未来はいつからでもつくることができる、⑥意見・アイデアは一つでなくてよい（違いが合わさることでシナジーが起きる）という6つです。

まず①人は一人ひとり、まったく違う存在について。選手一人ひとりの特性や性格、身体的特徴が違うのはもちろんですが、モチベーションの素や身体感覚、意識などもみんな本当に違います。また、試合や練習、ミーティングなど様々な場面で「何を感じて」「何を考えている」かについてはみんな違うだけでなく、同じ選手であっても中で起こっていることも刻々と変化していきます。だからこそ、一般論で評価判断するのではなく、個別に具体的な対話をすることを大切にしたいと考えています。

続いて②人はそもそも好奇心が豊かな存在について。子どもの頃は「触ってみる」「舐めてみる」「動かしてみる」など、何に対しても好奇心が湧き、失敗や他者からの評価を気にせずにまずは行動したでしょう。ところが年齢を重ねていくうちに、失敗を責められることや評価されることが気になり、純粋な好奇心から行動やチャレンジをすることに自ら制限をかけてしまっている選手もいます。この制限が外れさえすれば、様々なこ

6つの信念とは

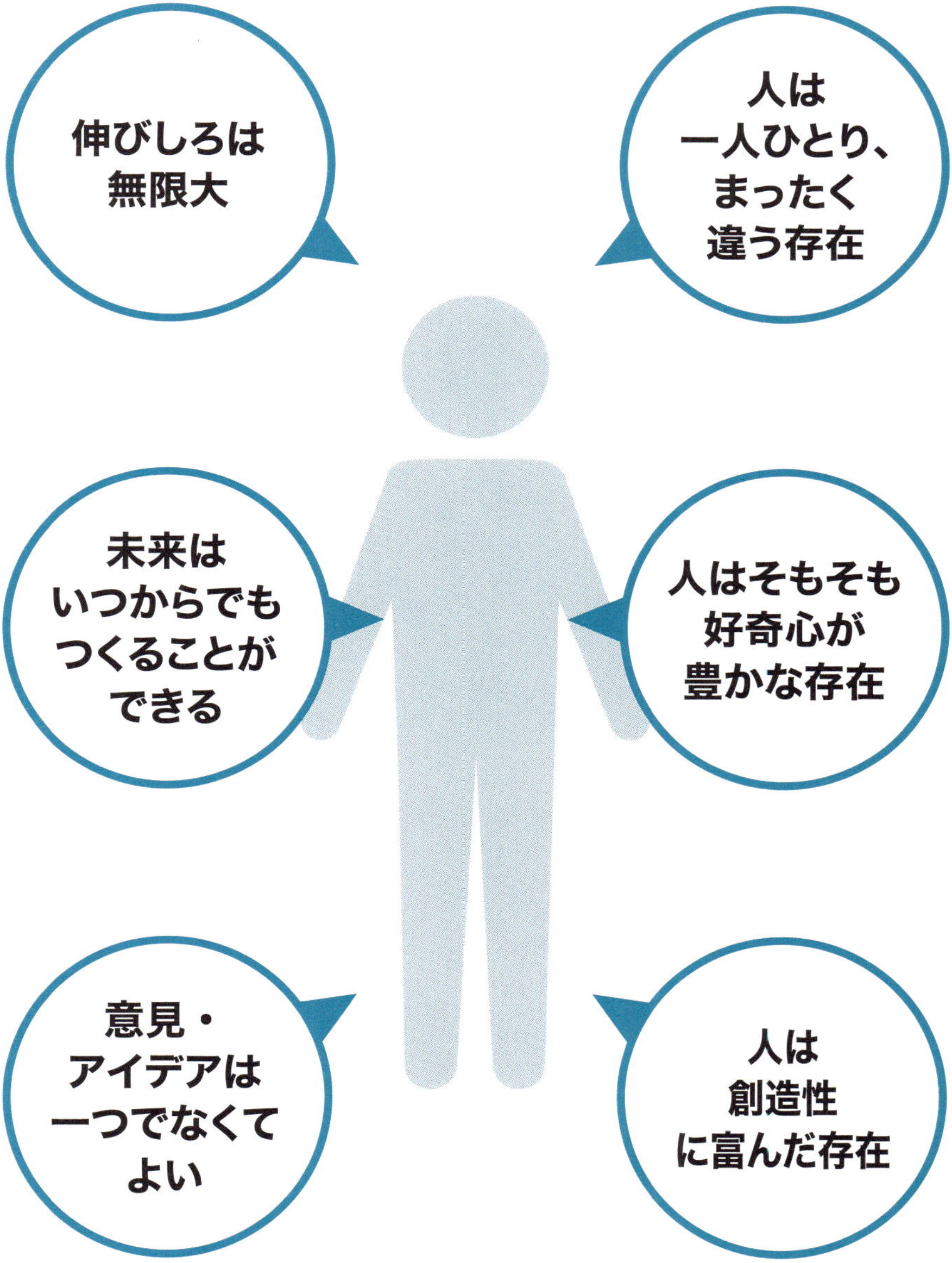
伸びしろは
無限大
人は
一人ひとり、
まったく
違う存在
未来は
いつからでも
つくることが
できる
人はそもそも
好奇心が
豊かな存在
意見・
アイデアは
一つでなくて
よい
人は
創造性
に富んだ存在

とにチャレンジを始めるものだと信じています。

続いて③人はそもそも創造性に富んだ存在について。子どもの頃に、秘密基地づくりに夢中になった人も多いのではないでしょうか？　周りにあるものをいろいろな道具などに見立て、想像力や創造力を働かせて組み合わせ、自分たちがワクワクするような基地を作ったものです。そこには自分発信のたくさんの創意工夫がありました。決して誰かに工夫することを強制されたわけではありません。年齢にかかわらず、人はみんなそのような創造性を持ち合わせているものだと信じています。

④伸びしろは無限大ですが、選手はもちろんのこと指導者や保護者など、選手の周りにいる人全員の可能性や伸びしろは無限大だと信じています。だからこそ、⑤すべての人にとって、未来は何時からでもつくることができると信じています。

最後に⑥意見アイデアは1つでなくてよい（違いが合わさることでシナジーが起きる）ですが、たくさんの異なるアイデアが集まり重なるからこそ、そこから新しいものが生み出され、より豊かなものが創造できると信じています。

現場でよく耳にする残念な言葉は、「お前は言われたことしかやらない奴だな」「どうせお前は○○だろう」などがあります。スポーツの現場で悪気なく使われ続けてきたかもしれませんが、こうした言葉を向けられた選手は自分を否定されたと感じ、自ら指導者に近づき、自分の考えや感じていることを積極的に伝えようとは思わないでしょう。

選手がより積極的に話しやすく、考えやすい環境を整えるためには、この6つの信念を持って選手に関わることが大切です。それによって選手との信頼関係が深まり、選手が安心安全と感じる場の土台となります。

とはいえ、これらの信念を持っていたとしても、私たちの状態も日々変化が起きます。いつもよい状態でいることは難しくても、自

聞く＋伝えるとそれ以前に大切なこと

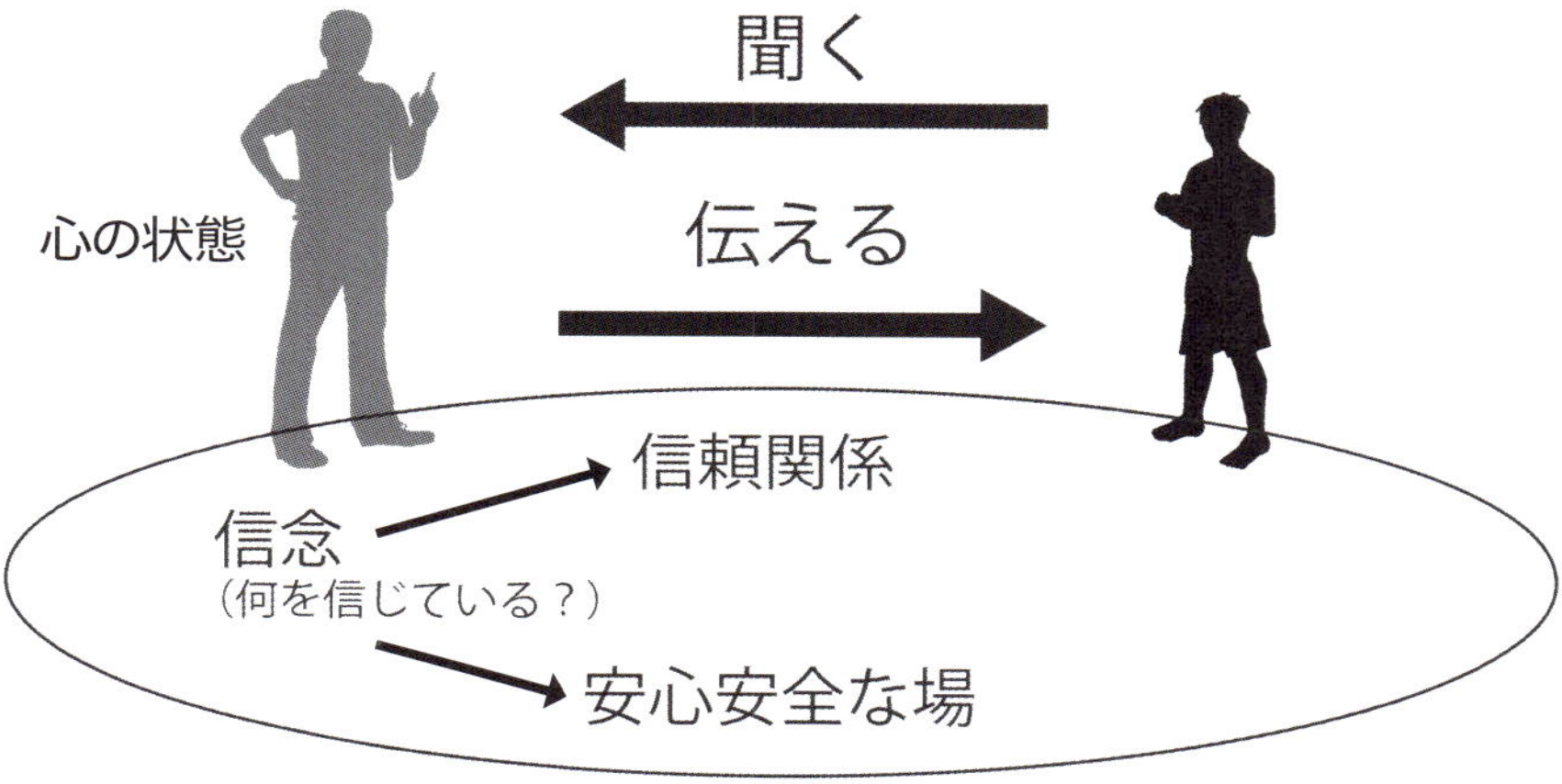

分の状態に気づくだけでもコントロールできるかもしれません。指導者の機嫌が悪いければ、選手たちは敏感に察知するでしょう。あえて選手たちと距離を取るなど、自分の状態が整うまで少し時間を置くことも必要かもしれません。時には自分を労わり、ケアする時間も大切です。

このパートでは3つの切り口で、現在地の確認をしていただきました。それに加えて信念とそれが影響を与える信頼関係づくり、安心安全な場づくり、そして自分自身の心の状態を整えることについても、現在地を確認してみてください。

COLUMN

スポーツメンタルコーチングの広がり

2006年に平本あきおさんの下、スポーツに特化したコーチングを探求しはじめてから18年が経ちました。平本さんの五感をダイナミックかつ繊細に活用したコーチングが、私の大好きなスポーツ選手へのコーチングに「絶対に役立つ」とワクワクした当時を懐かしく思います。

さまざまなご縁を通じて、これまで出逢って下さった選手、指導者、チーム、協会、連盟関係者、保護者の皆さん、教育機関の関係者、また協業させて頂きました各社の皆さま、同じ想いでご縁のあった皆さま、そしてメンタルコーチ仲間、すべての皆さんのおかげで今のフィールド・フローがあります。

また本書の制作に当たっては、現場で選手の育成やチーム作りに取り組まれている多くの指導者の皆さまから、本当に素敵なエピソードをたくさん共有いただきました。そうしたエピソードをうかがうたびに「我々のやってきたこと」「これからやろうとしていること」に大きな喜びを感じます。

下記の地図はこれまで一般社団法人フィールド・フローのスポーツメンタルコーチングを学んだ卒業生たちが所在する地域です。ホームページで紹介している認定コーチや各地域のお近くの卒業生コーチと出逢っていただき、素敵な輪を広げていただけましたら幸いです。

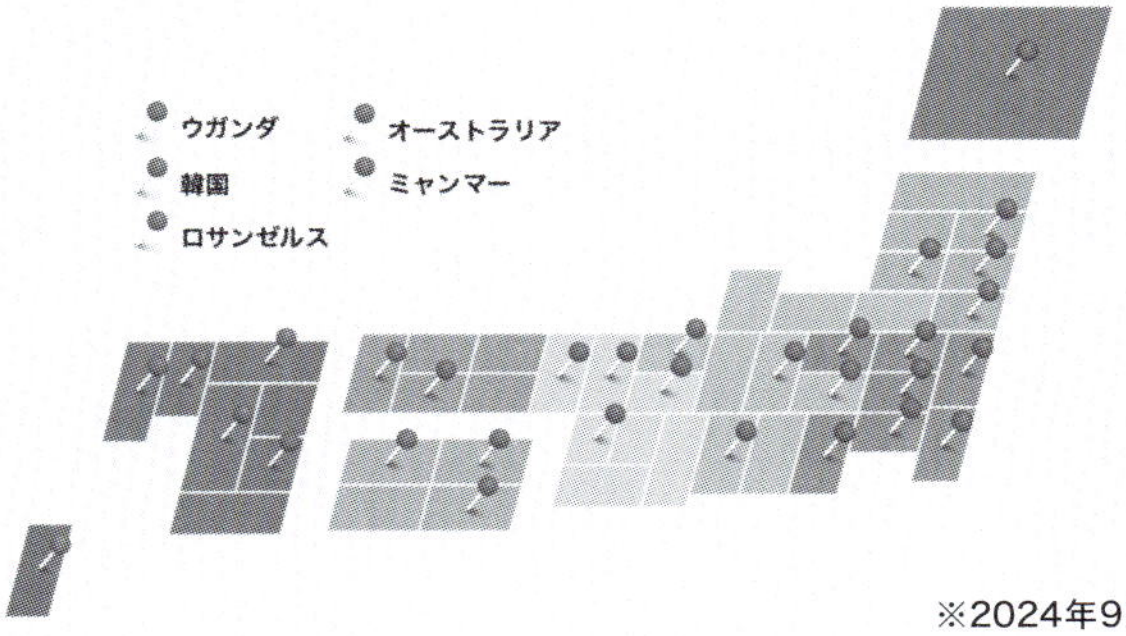

※2024年9月現在

PART 2

聞く

練習中
おいおいなんだ
そのスイングは！
練習後
すみませんでした…
俺はお前に
なんと言った？
積極的に行けと…
ですが初球が…
だからお前は
何度も同じことを
言わせるな！

皆さんは選手たちの話をきちんと聞けていますか？
このパートでは、選手の本音が引き出せ、
現状の把握ができる聞き方を解説します。
またすぐに実践していただけるよう、聞き方4ステップも作りました。
すぐにステップに入ってもいいですが、
まずは36ページからのエピソードを読んでからはじめてみましょう。

エピソード
EPISODE

対話の変化で手にしたオリンピック

内山玲子コーチ・内山由崎元選手（体操）

2016年のリオデジャネイロ五輪、体操女子団体で段違い平行棒と平均台に出場し、48年ぶりの4位入賞に貢献した内山由崎選手。彼女の実母でありコーチでもある玲子氏は、スポーツメンタルコーチングを取り入れたことでコミュニケーションに大きな変化があったと語ります。これは私のなかでも大変思い出深い出来事です。

自分が変わらなければ状況は変わらない

由綺選手がオリンピックを目指すようになったのは、小学校6年生のときに全日本ジュニアで優勝してからです。彼女が体操をはじめたのは小学校1年生の頃。当時は由綺さんも玲子さんも「なにがなんでも体操」という感じではなかったそうです。ところがオリンピックを目指すようになってからは親子でケンカが増えたそうです……。典型的な例として話してくれたのは、由綺さんはある技ができないと泣いてしまったそうです。それを見た玲子さんは「もうちょっとがんばるだけで、できるでしょ！」と言うと、由綺さんも怒って言い返すという負のサイクルだったそうです。

そのような状況では当然結果も出なかったようでした。この停滞した状況を変えるためには、玲子さん自身が変わらないといけないと考えたそうです。「この年齢になったら自分は変われない」と思っていた玲子さんでしたが、変わる決意をして実践したそうです。例えば由綺さんが反抗的な態度をとっても2回まではがまんする、同じミスを繰り返していたら「どうすればできるようになると思う？」とまずは尋ねてみる、などです。

こうした玲子さんの変化に、それまでトゲトゲした答えしか返さなかった由綺さんにも変化が現れました。そんな頃に玲子さんは私と出会い、私はメンタル面のサポートを依頼されました。それからの玲子さんの変化は目覚ましく、ある時から玲子さんは由綺さんがうまくできなくても「できないことは悪いことではないよ」と伝えられるようになったそうです。

私のサポートで玲子さんが印象深かった出来事を話してくれました。1つはお互いに言われたくない言葉を言い合うこと。由綺さんは玲子さんに「なんで」と言われることが嫌いと伝えたそうです。「なんでできないの！」「なんでやらないの！」。無意識に「なんで」を発していた玲子さんはちょっとしたカルチャーショックを受けたそうですが、それ以来この言葉を使わないように注意したそうです。もう1つはできるだけ具体的な言葉を使って話すこと。例えばケガをした場合には、「どのくらい痛いのか」「技の練習を何回くらいだったらできるのか」と具体的な言葉をかけたそうです。そして状況が変わったそうです。

2人にとって忘れられない出来事は、リオ五輪前のイギリス・グラスゴーの大会でした。玲子さんは大きな期待をするあまり、由綺さんの考えや体調を軽視してしまったそうです。「痛い顔をするな」「監督にできないことを見せるな」など、できない部分にフォーカスしてしまったのです。その結果、世界選手権は直前で代表枠から外れることになりました。大会後に2人はスイスで試合があったため、日本に帰国せずにスイスへ向かったそうです。そこでたくさん、たくさん話ができたとのこと。由綺さんの考えや気持ちに耳を傾け、尊重し、何をするべきかを2人で決めました。世界選手権で上手くいかなかったからこそ、1つひとつの対話を丁寧に重ねることがで

きたと言います。そして対話を重ねた結果、日本代表枠に入ることができ、リオでは4位入賞を果たしたのです。「目標を持ち、そのために必要なことがわかれば、人は何歳になっても変わることができる」「変わることができたら、人生が楽しくなる」そう話してくれました。

そしてリオ五輪から8年が経った２０２４年。由綺さんは現役を引退されて、オーストラリアの名門体操クラブで指導者としての歩みと学びをはじめたとのことです。２０２５年には日本に戻る予定で、その後は玲子さんとともに、先日立ち上げた体操教室で子どもたちと世界を目指すアスリートの育成をされるそうです。そんな由綺さんから、改めてコメントをいただきました。「２０１５年のグラスゴーの世界選手権は、本当にコーチとのコミュニケーションの大切さを実感できた出来事だったと思います。その後の玲子先生は別人のようで、できなかったときにかける言葉のひとつで、こんなにも練習に対してのモチベーションが変わるものなんだと実感する日々でした。今はオーストラリアにて未来のスターを排出できるよう毎日修行しています。母のようにともに努力し続けられるようなコーチになるため、日々勉強に励んでいます」とのことでした。そして玲子さんは、「リオ五輪の頃は、発する言葉を選ぶ意識もありましたけど、その後はどんどん自然と関われるようになりました。例えばうまくいかない技があった時に、「なんでできないの！」と声を荒げるのではなく、自然と失敗をプラスにする「どうしてみるとうまくいきそう？」のような言葉を使うようになり、由綺も次第に感情的にならずにちゃんと考えられる選手へと成長しました。そして、難しい技をどうしたらできるようになるか、二人で一緒に創意工夫していけるようになりました」と。

来年由綺さんが日本に戻り、今度は二人がコーチという立場で二人三脚で子どもたちやアスリートたちと関わっていくことになります。「これまでと違う新たな関係性で一緒に大好きな体操を探求すること、一緒に子どもたちを育成することが本当に楽しみ」という言葉は、お二人とそこに集う子どもたちの素敵な未来をイメージさせてくれるものでした。

玲子さんが伝えてくれた「目標を持ち、そのために必要なことがわかれば、人は何歳になっても変わることができる」「難しい技をどうしたらできるようになるかについて、二人で一緒に創意工夫していけるようになった」という言葉は、パート1で紹介した6つの信念、まさにそれらそのものだと思います。

今では、ご自身の体操クラブでの指導だけでなくさまざまなチームから声がかかり、多くの子どもたちに対して「一人ひとり違う」という意識を持って指導をされているとのことです。

なぜ「聞く」ことが大事なのか

お互いの「意欲」「やる気」を高められる

本書では、「聞く」と「伝える」方法をそれぞれ4つのレベルに分けて紹介します。本来のコミュニケーションは「聞いて伝える」会話のキャッチボールですが、それぞれの質を高めるために、まずは個別に取り組んでみてください。

左の図は指導者と選手の会話を表しています。よくある会話は指導者が「何かあるか？」「どう考えている？」などと尋ねたときに、選手は「監督はどんな答えを期待しているのだろう？」「これなら怒られないかな」など、指導者にとって自分の答えが正しいか正しくないかを判断基準にして答えることです。これでは選手の本当の想いや考えを知ることはできません。

また選手が口にした言葉と、本当に想っていることが異なる場合もあります。これは選手**が嘘をついているのではなく、正しく言語化するスキルを持っていないから**です。だからこそ指導者は会話のなかで**「もう少し詳しく教えて」**と尋ねることを繰り返し、**選手に起きていることを聞きにいく必要**があります。そのように会話を繰り返すことができなければ、選手からの拙い言葉を額面的に受け取ってしまいます。「こないだはこう言っただろ！」など、よい関係は築きにくいでしょう。

聞くことは、**選手のなかで起きていることを引き出すこと**でもあります。この点をしっかりと理解したうえで、次のページに進んでください。

選手のなかで本当に起こっていることを知る

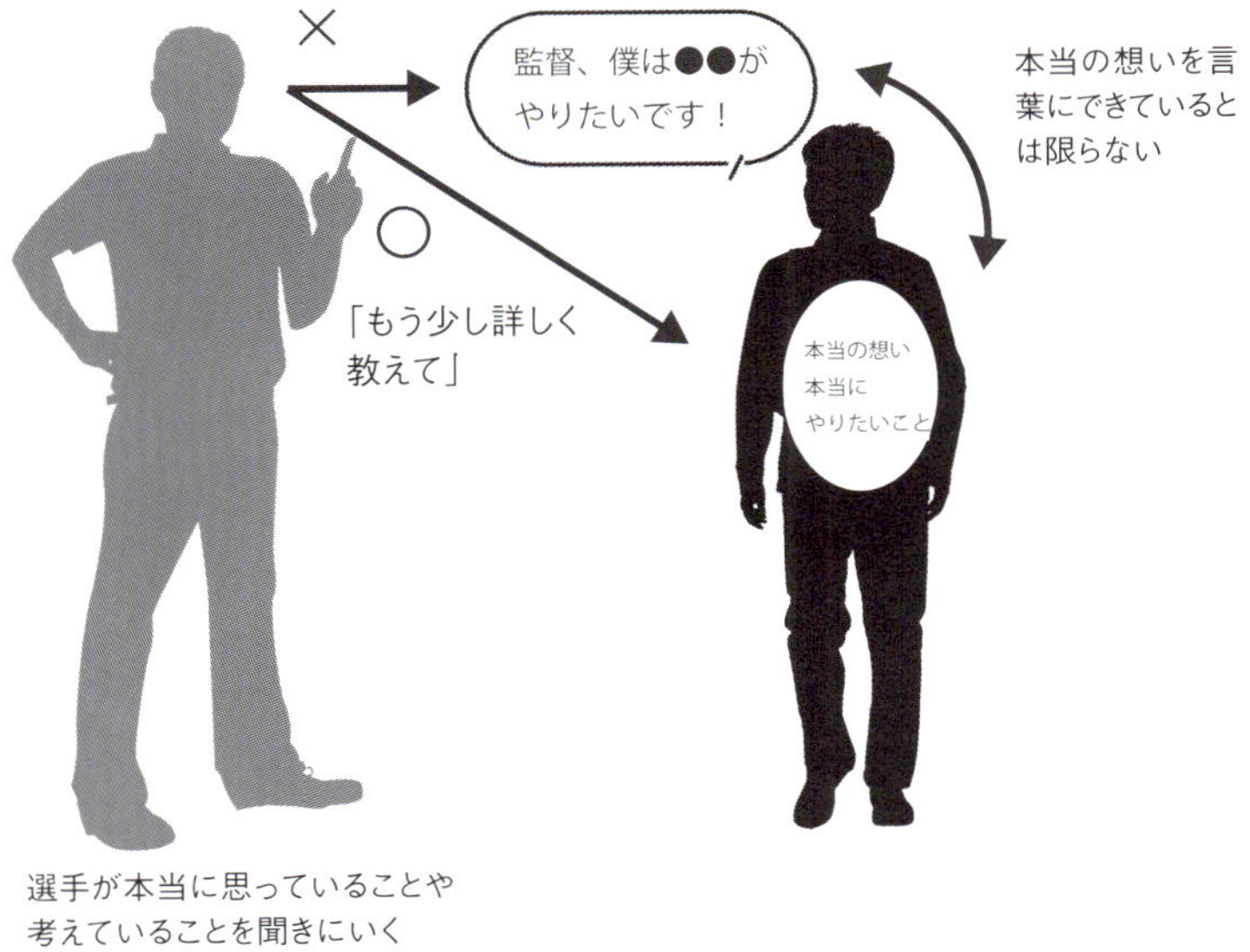

聞く

入門レベル

口をはさまずに聞く

こう聞いてみよう

直近の試合や練習で

- よかったこと

「よかったことについて聞かせて」

- 上手くいかなかったこと

「上手くいかなかったことについて聞かせて」

ここを大事に

- 選手が話し始めるのを待つ
- 口をはさまずに最後まで聞く
- すぐに言葉が終わってしまったら、「もう少し詳しく聞かせて」と聞いてみる

こんな感じで

CHECK!
振り返ってみよう

聞き方のここをチェック

- ☑ 口をはさまずに聞けた
- ☑ 選手からよい話が聞けた

＼さらに／
レベルアップ

１回目はうまくできなくても、会話にならなくてもOKです。まずは選手の話を聞くための自分自身の姿勢や態度の練習だからです。うまくできてもできなくても、45ページのポイントを踏まえてもう一度聞いてみましょう。体操の内山玲子さんのエピソードのように自分が変わる体験を実感してみましょう。

POINT 1 かしこまらずにカジュアルに

選手が話しているときに「うなずき」や「あいづち」をしてみましょう。また慣れてきたら会話の合間や最後に「話してくれてありがとう」という想いを込めて拍手を入れたり、笑顔で会話を終えてみましょう。そうすることで、選手たちが安心安全で話すことができる場ができていきます。

POINT 2 お互いに余裕がある時に行う

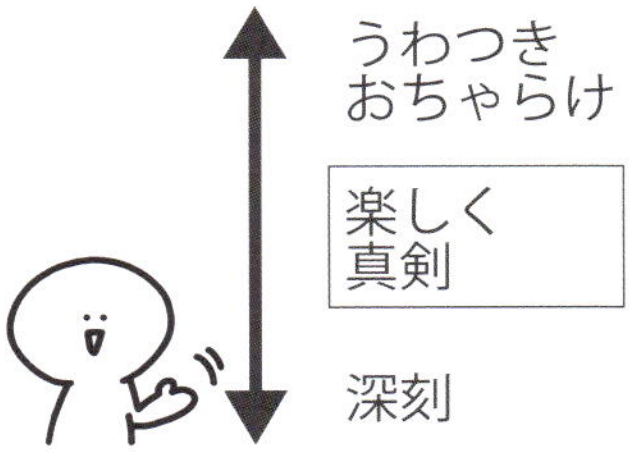

カジュアルなコミュニケーションは大切ですが、選手の発言を茶化したり、変に笑いにしようとすることはよくありません。また、ネガティブな質問に対しては真剣になりすぎて深刻になることがあります。理想は「楽しく真剣」な状態です。こうした気持ちでいられるタイミングで会話をしてみましょう。

POINT 3 ネガティブに取られる質問ほど場づくりを

選手たちはそもそも、ネガティブに感じる質問に対しては「怒られる」「何か言われる」と感じます。これはお互いのよい距離感ができるまでは仕方のないことです。一方でネガティブに感じる内容を選手自身や指導者も一緒に感じることで、「意欲」「やる気」を上げることができます。ポイント①の内容をいつも以上に意識して実践してください。

次のページからは 「聞く」ことに慣れてきたら少しずつ「会話のキャッチボール」を目指しましょう

聞く

初級レベル

話を聞きながら未来に向かう

こう聞いてみよう

入門レベルで聞いたことに対して

- よかったことであれば、「次もうまくいくためにはどんなポイントがありそう？」
- 上手くいかなかったことでも、「次はどんな工夫をするとよさそう？」

ここを大事に

- 選手が考える時間を作る
- 会話の割合は指導者1：選手9が理想
- 指導者の考えを少しずつ伝えながら会話のキャッチボールをする

こんな感じで

CHECK!
振り返ってみよう

聞き方のここをチェック

- ☑話す時間が1：9の割合で聞けた
- ☑会話が一往復ではなくキャッチボールができた

\さらに/
レベルアップ

選手のより深い考えを聞くことができたでしょうか？　「なんとなく会話が続いたけれども、消化不良のような感じで終わってしまった」ということでもOKです。選手とすぐによい関係を作れる人もいれば、少し時間がかかる人もいます。49ページのポイントを踏まえてもう一度聞いてみましょう。

POINT 1 より具体的な質問を返す

上手く選手が答えられない場合には、「こんなことが起きがちだから、こんなことをやったらと思うけどどうだろう?」など、自分の考えを少し交えて聞いてみましょう。このときに効率化を求めて矢継ぎ早に質問をすると選手は答えにくくなります。聞いたら深刻な表情をせずに、選手が考える時間を十分に作りましょう。

POINT 2 指導者の考えていることをテーブルにあげる

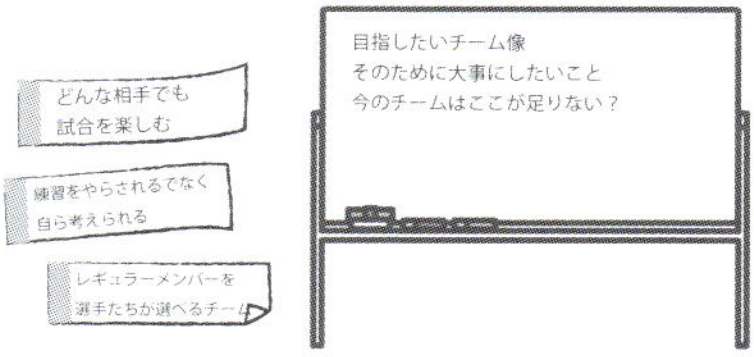

指導者には、「こんなチームにしたい」「このプレーが大事だ」などの想いがあることでしょう。その思いを付箋やホワイトボードに書き出してみましょう。書き出しておくことで選手にこちらの考えを伝えることができます。そして、選手が話したい項目を聞いてみましょう。

POINT 3 競技の専門的な具体を聞いてみる

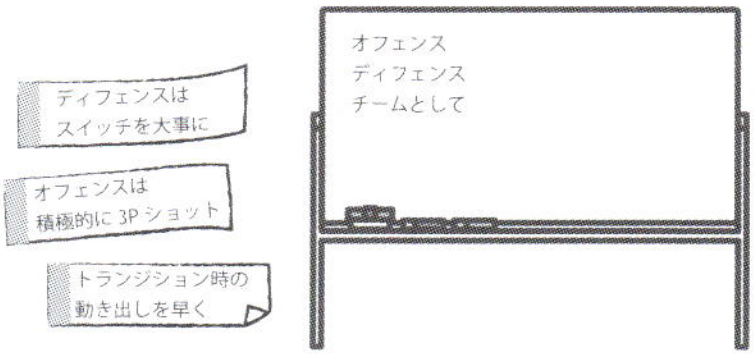

指導者としては、チームの雰囲気や約束事なども聞きたいことでしょう。けれどもまずはお互いに理解度や関心が高いそれぞれの競技のスキルや戦術を聞いてみるのもよいでしょう。お互いに理解度が高い内容であれば、より深く聞くことや深く答えることも比較的やりやすいと思います。

次のページからは キャッチボールができてきたら「指導者が聞きたいこと」を聞いてみましょう

聞く

中級
レベル

指導者が知りたいことを聞く

こう聞いてみよう

（自分が聞きたいことに対して）どうだったの？

↓聞きたいことの要素は51ページ

ここを大事に

- 初級レベルまでのポイントを踏まえて聞く
- 自分が話す時間を抑える。理想は1：9

聞きたいことの要素

試合や練習に対して

思考→どんなこと考えていたの?
感情→どんな気持ちだったの?
身体の感覚→どんな感覚だったの?

1つのプレーについて

認知→何をどのタイミングでどんな風に見ていた?
判断→どんな判断をした?
実行→行動について→技術レベルは?　技術やフィジカルの課題は?

選手の思考について

メンタル、フィジカル、技術、戦術、道具、選手間のコミュニケーション、環境 など

こんな感じで

CHECK!
振り返ってみよう

聞き方のここをチェック

- ☑ 聞きかったことを聞くことができた
- ☑ 話す時間が1：9の割合で聞けた
- ☑ 話が一往復ではなくキャッチボールができた

＼さらに／

レベルアップ

本当に聞きたかったことが聞けたでしょうか？　指導者が自分の考えを聞く場合には、指導者が熱くなり話が長くなったり、いろいろなことを同時に聞いてしまうケースが多くなります。これまでに大事にしてきたポイントや、次のページのポイントを踏まえてもう一度聞いてみましょう。

POINT 1 評価・判断・分析モードにならない

だからダメなんだろ

このモードは、選手が話している途中に指導者が頭のなかで考え、「こういうことだろ」「これがダメなところだ」となってしまうことです。選手が何を言おうとしているのかを、フラットな状態で聞きましょう。「相手の関心や考えに関心を持つ」ことを大事にしてください。

POINT 2 選手が思考を整理できるように質問する

どんな選手でも一言目に理路整然と話すことはできません。そこで話を深堀りする質問を繰り返しながら、選手の思考整理を手伝いましょう。「もう少し具体的に教えて」「他に起きてたことがある？」の2つです。この質問を繰り返して聞くことで、選手は考えを深め、思考の整理ができていきます。

POINT 3 「Yes and …」で聞く

このアイデアはどう思う？

これは「なるほど」のあとに、「さらに」や「そして」「そのうえ」などをつなげる対話の方法で、例えば「なるほど、君の意見はよくわかった。さらにこうすれば……」のような感じです。このように話すことで、選手はさらに前向きな気持ちでコミュニケーションを続けることができます。

次のページからは 次のレベルでは選手に五感を使って答えてもらいましょう

聞く

さらに
チャレンジ

五感を使って答えてもらう

こう聞いてみよう

（より深く知りたいことや解決したいことに対して）

「どうだったか教えて」

「ホワイトボードに書いてもらえる？」

↓五感の使い方は55ページ

ここを大事に

- これまでのポイントを踏まえて聞く
- 付箋やホワイトボードを用意する
- 選手が考える時間の邪魔をしない

五感を使うポイント

中級レベルの要素に対して

- 実際に動いてもらう
- ホワイトボードや戦術ボードに書いてもらう
- 付箋に書き出してもらう

こんな感じで

CHECK!
振り返ってみよう

聞き方のここをチェック

- ✓ より深く選手の考えを知ることができた
- ✓ 選手の会話や行動を邪魔しなかった
- ✓ お互いに目指したいと思えるワクワクする未来が見えた

さらに
レベルアップ

このレベルまできたら、未来に向けて一緒に考える感覚や雰囲気が強まっていることでしょう。次のパートは指導者から伝えることですが、その前にもう一度、57ページのポイントを踏まえて選手たちに聞いてみましょう。

POINT 1 過去だけでなく未来へ向けて

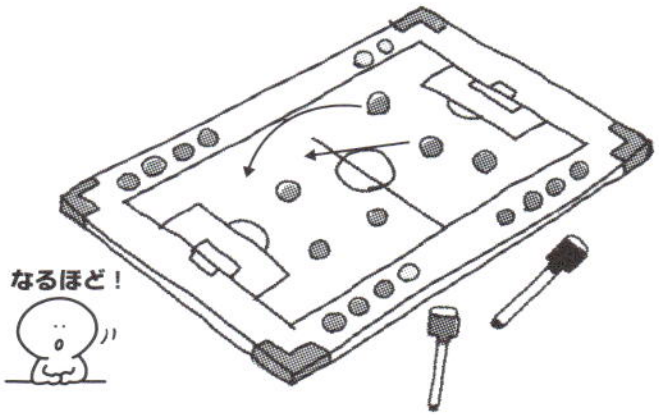

振り返りで選手が五感を使う場合には、過去の体験に基づく動きが中心になります。そこを深く掘り下げることはとても大事なことです。そして、「どうしたらシュートの成功率が上がる？」「どのように動いたらもっと味方を活かせる？」など、未来に向けて一緒に考えていくことも意識してみてください。

POINT 2 また話したいと思ってもらえる状態で終わる

聞くことは現状把握であり、未来へ向けてのワクワクの土台です。そのためには「一度聞いたら終わり」ではなく、継続的に機会を設けることが大切です。そのためには選手が「また話したい」と思う状態で終わることが重要です。ぜひ会話の最後に笑顔で「（話してくれて）ありがとう」と伝えてください。

POINT 3 森保監督の手法を真似る

あるドキュメンタリー番組で見たサッカー日本代表の森保一監督のコミュニケーション術は、①いつでもどこでも話しかける、②話すときは質問から、③最後は笑顔で終わる、です。我々のスポーツメンタルコーチングに通じるものがあります。ぜひ皆さんもこの手法を真似してみてください。

エピソード
EPISODE

サッカーU－15チームのコーチたちに起きた「聞く」の変化

2024年、サッカーU-15カテゴリーの指導者の方々向けにスポーツメンタルコーチングの講習会を開催しました。そこに参加いただいた篠原真樹さん（カマタマーレ讃岐U-15）、関原凌河さん（サンフレッチェ広島アカデミー育成）、吉田拓郎さん（ヴァンフォーレ甲府U-15監督）のお三方に、このパートのテーマである「聞く」についてうかがいました。

聞く変化で変わる出来事

柘植　セミナーを経て少し時間が経ちましたが、まずは皆さんがセミナー前にどのような選手との関わりをしていたのかを教えてください。

吉田　聞くというよりも、どうしてもこちらが「やってほしいこと」「伝えたいこと」を最初に話していました。例えば戦術ボード上でマグネットを動かしながら、センターバックの選手には「もっと前にボールを供給してほしいからここにつけてくれ」といった要求をしていました。

篠原　僕は結構選手たちと会話をしていましたから、コミュニケーションは多く取れていると思っていました。ただ吉田さんと同じで、僕の意見から入るという一方通行の会話だったと思います。それから状況によっては感情的に伝える場面があるのですが、それもこちらが一方的に意見をしていました。

関原　自分は完璧主義のようなところがありまして。ですからどうしても選手たちにも完璧なプレーや考え方を求めてしまうところがすごく多かったです。自分のなかでもそれが課題だという認識や思いはありましたし、他のコーチや先輩からもよく指摘されていました。

柘植　ありがとうございます。その皆さんが今ではどのような「聞く」をするようになったのか教えてください。

吉田　監督として言いたいことはもちろんありますが、それを伝えつつ選手の話をしっかりと聞くようになりましたし、具体的に聞くようになりました。例えば以前は「今のどうだった？」と聞いていましたが、選手にしたらこちらの問いが漠然としていて答えにくかったでしょうね。今は「守備に行ったけど、かわされたのは何が原因だったと思う？」など深堀りした聞き方ができるようになりました。それから「今はどういう景色が見えてた？」とか、「ここはもう少し相手について欲しいんだけど、景色的にはどうだった？」など具体的な言葉のやり取りが中心になりました。

篠原　先ほどの感情的な場面ですが、選手たちに「なんであのプレーになったかな？」と聞くことからはじまることが増えました。それからすべての出来事に対して「本人も決してやろうとしたのではない」という前提があり、結果として「やれるのにやってないプレー」なのか、「トライをしたけれどもできなかったプレー」なのかの線引きをして言葉遣いを変えるようになりました。

関原　僕も選手たちに聞くことが圧倒的に多くなりました。聞くことを心がけた当初は「何で成功したと思う？」、「何で失敗したと思う？」と具体的な質問ができていませんでしたが、最近は「こういうときは何を考えていたの？」と具体的な質問ができるようになってきました。まだまだな部分は多いのですが、とにかく聞く回数が増えたことで少しずつスキルが上がっている感じです。

柘植　素晴らしいですね。他にも変化があれば教えてください。今度は関原さんからお願いします。

関原　自分は熱くなりやすいタイプですから、何でもすぐに会話をはじめるのではなくて、少し落ち着いた状態になってから、選手と一緒にゲームを振り返ります。もちろんプレーや試合の直後は選手も熱くなっている部分がありますから、会話をするタイミングを大事にするようになりました。少しリラックスした安心安全の場で、お互いに話を聞きながら会話をしています。

篠原　そうですね。選手によっては単語で答えが返ってくる子もいます。もちろんこれは仕方のないことですから、そういった選手には答えやすいように、返ってきた単語の答えに「その時にここはどうだったの？」と質問が枝分かれしていくことを想定して話しています。それから「普段は答えられるけど今は答えられない」のか「元々答えることが苦手」なのかによって変化をつけています。普段は答えられる子については、少し答えを待つ時間を作ります。苦手な子については、質問のレベルを下げるという言い方が適切かはわかりませんが、もう少し答えやすい内容に噛み砕いて問うことを何度か続け、最後に最初の質問に戻るようにしています。あとはナンバリング（優先順位づけ）です。

吉田　やはりふわっとした質問にはふわっとした答えが返ってきますから、聞く内容を絞るようにしています。そうすることで選手たちから、私にとって求めていた答えを返してくれる頻度が高くなりました。それから答えることが苦手な選手ですが、言葉に詰まっているようであれば「こんな感じ？」とヒントを出すこともあります。そうしながら選手たちがゆ

っくりと考える時間を待つようにしています。それでも答えがでなければ「もうちょっと考えてみて」と伝え、他の選手に話をしてもらってからもう一度聞きます。以前は待つ以上にチームをコントロールすることが大事だという想いが強かったですから、受け答えもテンポを重視して時間をかけすぎないことに重きを置いていましたので、大きく変わった部分ですね。

柘植 ありがとうございます。先ほど篠原さんがナンバリングと言われていましたが具体的に教えてください

篠原 聞きたいことに順番を決めています。自分が一番聞きたいなと思っていることを最初の問いにします。そうすることで選手たちが「監督は最初にあれを聞いたから、あれを大事にしたいんだな」とか「次はなになにって言ってたからそれが次の大事なことだな」と認識してもらえ、聞かれた側も

優先順位がつけやすいのかと思っています。先日、四国大会があり私も選手たちもいつもよりも少し緊張した状態でした。緊張すると普段はできることができなくなることもあります。そこで攻撃面や守備面、メンタルなどの要素それぞれに対して「まずはこれをしよう」「そのためにこれをしよう」と順番を決めて試合に挑んだということがありましたが、よいほうにつながっていると思います。

柘植 （拍手）。他にも聞くときに大事にしていることがあればぜひ教えてください。

関原 アップで鬼ごっこなどの遊び系をすると、選手たちはキャッキャと楽しくなっているように見えていました。うわついてふわふわしたような状態だと思えたのです。その状態からすぐに真剣な練習に切り替えることは難しいだろうと。ところがこれは私の先入観で、選手たちに聞くとしっかりと切り替えられていました。柘植さんに「おそらく学年が変わるとちょっとずつ変わりますよ」と言われたことにもハッとさせられました。どうしても完璧主義なので…。セミナーですごく興味深かったのが「注目すると増える」という言葉です。よくも悪くもですが、自分が注目したほうへの意識が増えてしまいます。よいほうに注目するのか悪いほうに注目するのかで、物事の見方がまったく変わるのだと、この言葉にもハッとさせられました。

吉田 皆さんも言われていましたけど、選手の状態を表す「うわつき」「楽しく真剣」「深刻」という3つの状態をすごく意識しています。柘植さんのセミナーで一番刺さった言葉で、こうして選手の心の状態が指標として見える化されているのはいいなと思いました。チームではウォーミングアップが一番選手たちの心の状態が表れます。まずはアップ中に「今日ちょっと集中力があって楽しそうだな」とか、「テスト前だからみんな集中

力かけて深刻な状況だな」とか「何かうわついてるな」とかを見るようにします。そして練習では選手の状態に応じて「より声かけを明るくする」「よく見ないとパス出すところを間違える練習」、「よく考えないとうまくボールが回らない」などのひと工夫をしています。ちょっと聞くこととずれましたが（笑）

柘植　皆さん素敵なコミュニケーションになっていますね。ありがとうございました。次は「伝える」について教えてください。

エピソード
EPISODE

聞けることでエネルギーの高い練習につながる

武藤 哲哉
テニススクール代表

高校3年生の選手の試合後に振り返りをしていた時のことです。「今どんな感じかな？」と尋ねると、「これまでと同じことをしていても勝てない」「格上の選手に勝つためにはチャレンジが必要です」と返ってきました。そこで「具体的に言うとどんな感じ？」と会話を続けていると、「ストレートにアタックした後、ロブのリターンを使いたい」との返答。そこで彼女の中から出てきたロブ練習を数ヶ月続けている状態です。

またある選手に「どんなフォアが打てたらいいの？」と聞くと、「もっとスピンがかかっていて、高い弾道跳ねるフォアを打ちたいんです」と。僕がティーチングで教えるフォアではなく、彼女が打ちたい具体的なフォアが出てきたのです。僕としては「もっと早い弾道の低いフォア」のほうがよいかと思いましたが、彼女が望むフォアを練習することにしました。やはり選手の内側から出てきた言葉は本人のエネルギー量が違います。

私が提案した練習をするよりも、圧倒的に質の高い練習ができるのです。

「レッスン開始前に5分程度、選手たちと軽く話す」。このことによって選手たちがよい状態になり、本当にやりたいことが聞けるようになりました。こうしたコミュニケーションを取れるようになったことで、以前と比べてレッスンのスタートのエネルギーがまったく別なものになっています。

エピソード
EPISODE

これまでは知った気になっていた

渡辺なおみ
アスリート道場「BUSHITSU」経営・チームトレーナー
（旭化成陸上部、強豪男子高校バレーボール部）

私が関わっているチームに故障で長期離脱している選手がいます。この選手に対して過去の成功事例から「こうやってこうしたらいいよね」とプログラムを提案しました。選手も納得してくれたように見えましたが、なかなか復帰に向けたプログラムどおりに進まなかったのです。それまでも選手の不安を理解したつもりでしたが、改めてその選手の不安を聞いてみました。そうすると、「自分が立ち止まっている間に後輩に抜かれたらどうしよう」「自分が競技をはじめた頃の価値観がよくわからなくなってしまった」と話してくれました。そこで何のために競技をしているのかを考えて話してもらうことで、ようやくスムーズに復帰のメニューに入っていけるようになったのです。

私には過去の事例がたくさんありますが、選手にすればそれは過去の誰かの体験であり、自分の体験ではないわけです。それが本人から話を聞くことで選手と私とのスタートラインが揃い、選手も自分のこととしてプログラムを捉えてくれるようになりました。選手からしっかりと話を聞くこと。ここにきちんと取り組むだけで、起こる出来事が大きく違うことを改めて知ることができました。

エピソード
EPISODE

「僕はみんなを信じているよ」という関わりができた

佐久田翔太
中学教員
女子ソフトボール部監督

話を聞けるようになったことで、選手との関係が大きく変わりました。先日中学3年生の最後の大会があったのですが、エースの選手の調子が悪く、いろいろな人からアドバイスを受けていたそうです。彼女にすると、いろいろなアドバイスを聞いて試すものの、どれもしっくりと来なかったようでした。そこで「どうしたいの？」と聞くと、「自分はこんな風にしてみたい」「でも周りからこんなこと言われる」と答えてくれました。私は「いいよやってみようよ。僕からOKをもらったと言えばいいよ」と伝えると、とても明るい表情になったのです。そして以前にあったよい感覚を、五感を使って思い出してもらいました。

それまでの私はこのようなコミュニケーションが取れず、自分の経験に基づいた思いや考えを押し付けていたように思います。けれども聞けることが増え、それによって自分にゆとりが持てるようになりました。以前は「なんでできないんだよ」と感じていたことが多かったのですが、今は「僕はみんなを信じているよ」と伝えるようになり、選手に対して一歩引いて関われています。そうすることでチーム全体の雰囲気がよくなり、明るいチームに変わりました。

エピソード
EPISODE

3位でいいと言われて楽になった

園 吉洋
BEASTランニングアカデミー
メンタルコーチ

小学生の長距離選手との出来事です。その選手は不安なことを考えると、「どうしよう」となってしまうことが何度かありました。そこで次のレースに向けて「何が不安なの？」「詳しく教えて」と尋ねると、「このあたりが一番きつくなる」「そこで気持ちで負けて抜かれるかもしれないことが不安だ」と教えてくれました。さらに詳しく聞くために、ゴールまでにどんなことがあるのかを考えてもらいました。そのやり取りを繰り返しているうちに彼は、「ここできつくなる」「その後でがんばれたら挽回できる」と言ったのです。さらに「そこで何位くらいだったら不安にならないかな？」と尋ねると「彼は1位でなければだめだ」と考えていたようです。私が「3位でも大丈夫じゃない？」と伝えると、それでずいぶん気が楽になったそうです。さらに私がライバル役になり、「どのくらいの距離で走ればいいかな？」と尋ねると「このくらいの距離でついていけばOK」と。

以前は「不安です」と言われると、「だからダメなんだよ」と言っていました。そもそも選手が本音を話してくれたのかもわかりません。それがこのように聞けることで変化が生まれ、この選手は無事に大会で優勝することができたのです。

Tips

選手の「意欲」「やる気」について

目標に向かって前進する原動力

ここでは選手の「意欲」「やる気」について考えてみましょう。

「意欲」は進んで何かをしようとする意識、「やる気」は物事を実行しようとする気持ちです。「意欲」「やる気」を高めるためには様々なアプローチがありますが、今回は本書で扱っている**「聞く」「伝える」ことを通じて、関わりやすい5つのアプローチ**を紹介します。

①過去の成功体験

誰にも何らかの成功体験があるはずです。最高の自分を出せたときやチームに貢献できた体験などを振り返ってもらいましょう。「自分はできる」という気持ちを思い起こせます。

②小さな成長実感

「成長できた」と実感できることで、「さらに前に進んでみよう」という気持ちが高まります。伸び悩んでいるときなどは、少しでも成長しているところを振り返ってもらいましょう。

③勇気づける言葉がけ

「意欲」「やる気」を高めるための5つの要素

1 過去の成功体験	スポーツに限らず最高の自分が出せたときのことを思い出してもらう
2 小さな成長実感	1カ月や3カ月、半年などのスパンで少しでも成長していることやチャレンジできている行動を思い返してもらう
3 勇気づける言葉がけ	選手が信頼している人から選手の技量や身体能力のストロングポイントを伝えてもらう
4 楽しみな次の一歩	今日中や明日から、1週間のうちにやってみたいとワクワクする行動を決める
5 未来のワクワク感	考えるだけでワクワクする未来を想像してもらう。できるだけ具体的にイメージしてもらう

小さなことでも努力してきたことなど、結果よりも過程を大切にして伝えてみましょう。

④楽しみな次の一歩

大きな目標にせずに、「明日の練習や次の試合からでも試せそう」そして「ぜひやってみたい」と思える小さな一歩を考えてもらいましょう。

⑤未来のワクワク感

「こんな自分になりたい」「こんなことを実現したい」など、ワクワクする未来像を描いてもらいましょう。制約なしに未来を自由に想像してもらいます。「意欲」「やる気」が高まっているのか下がっているのかを日頃から気にかけ、これらのアプローチ活用してみてください。

意欲・やる気を形成する要素

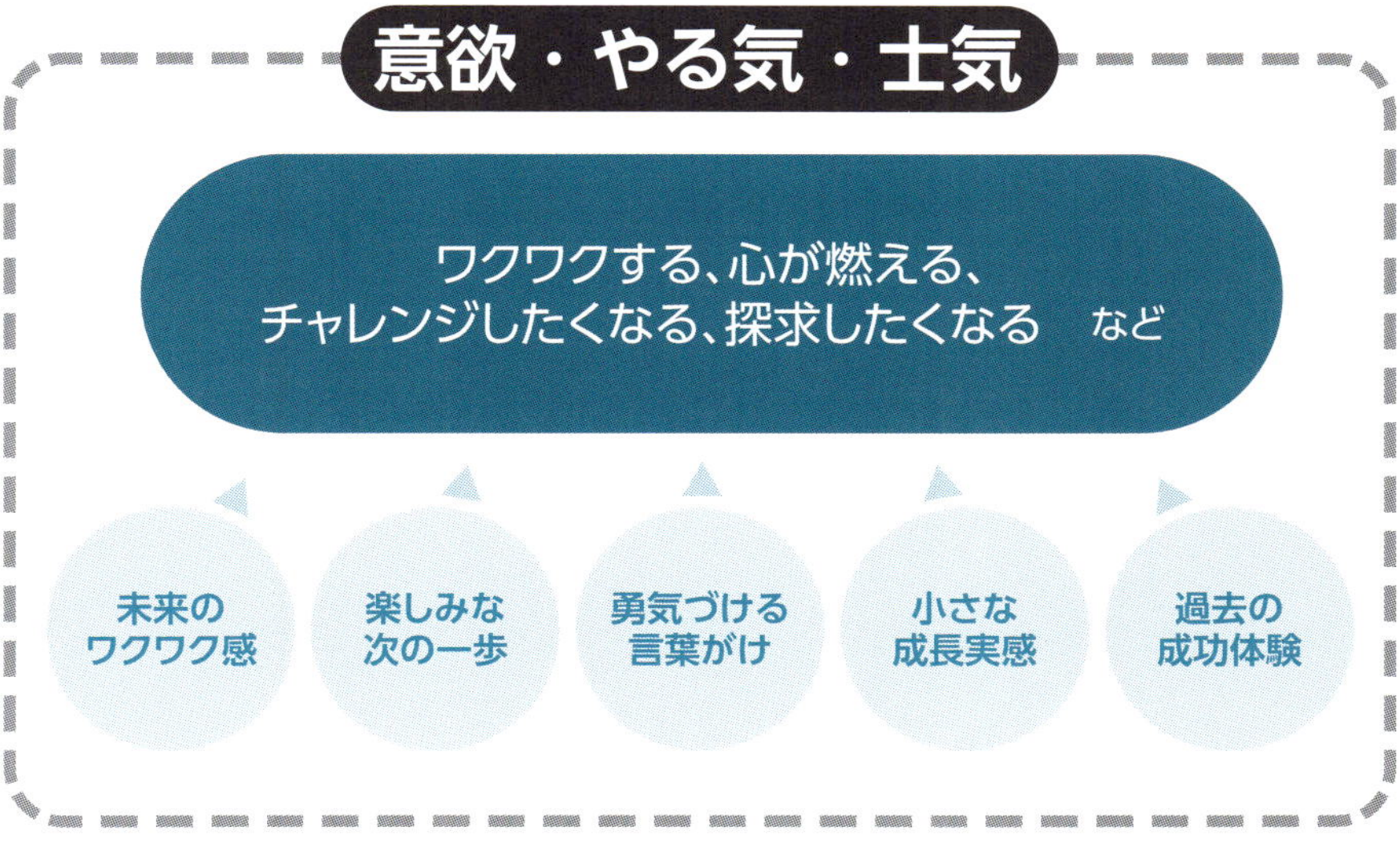

Tips

「目標設定」と「成長サイクル」について

目標を設定するときのポイント

68ページの「意欲」「やる気」を上げる要素で挙げた「⑤未来のワクワク感」ですが、目標設定を行うときも有効です。「どこまで具体的にするか」ですが、左の図で表した詳細な場面を、**できるだけ臨場感を持ってありありと**描き出してみましょう。映画のワンシーンのように、最高にワクワクする場面をイメージしてみます。大きな目標の手前で段階的に達成したい小さな目標があると、より成長実感を感じやすくなります。

成長サイクルを回す時のポイント

目標に向かって、左図にあるようにワクワクする試してみたいこと（Ⅰ）、チャレンジ（Ⅱ）、結果（Ⅲ）、振り返り（Ⅳ）、気づき・発見（Ⅴ）という成長サイクルを回していくことになります。

例えば（Ⅰ）練習や試合で試してみたいと思うことを決める→（Ⅱ）実際にチャレンジしてみる→（Ⅲ）やってみての結果が出る→（Ⅳ）それに対して上手くいったことと／上手くいかなかったことについて振り返る→（Ⅴ）そこから気づき・発見が生まれ（Ⅰ）に戻る、といったサイクルになります。

ここで大事なことは、（Ⅳ）の**振り返りでうまくいかなかったことだけでなく、うまくいったことも振り返ること**です。「意欲」「やる気」をうまくマネジメントしつつ、歩みを進めてみましょう。

未来の一場面を具体的にイメージする

- 試合の年月日
- 会場の場所
- 会場の広さ
- チームメイト
- 相手の選手
- 審判
- 応援してくれる人
- 試合の状況
- 自分のプレー（できるだけ詳細に）
- 仲間のプレー（できるだけ詳細に）
- 勝ったときの喜び
- 勝ったことで得られること
- どんな道具を使っているか
- 道具への思い入れ
- 自分の姿
- 仲間の姿

など

1人でイメージすることが難しければ、指導者やチームメイトとペアやグループになる。そして、思いを引き出す聞き方をする

〈成長サイクル〉

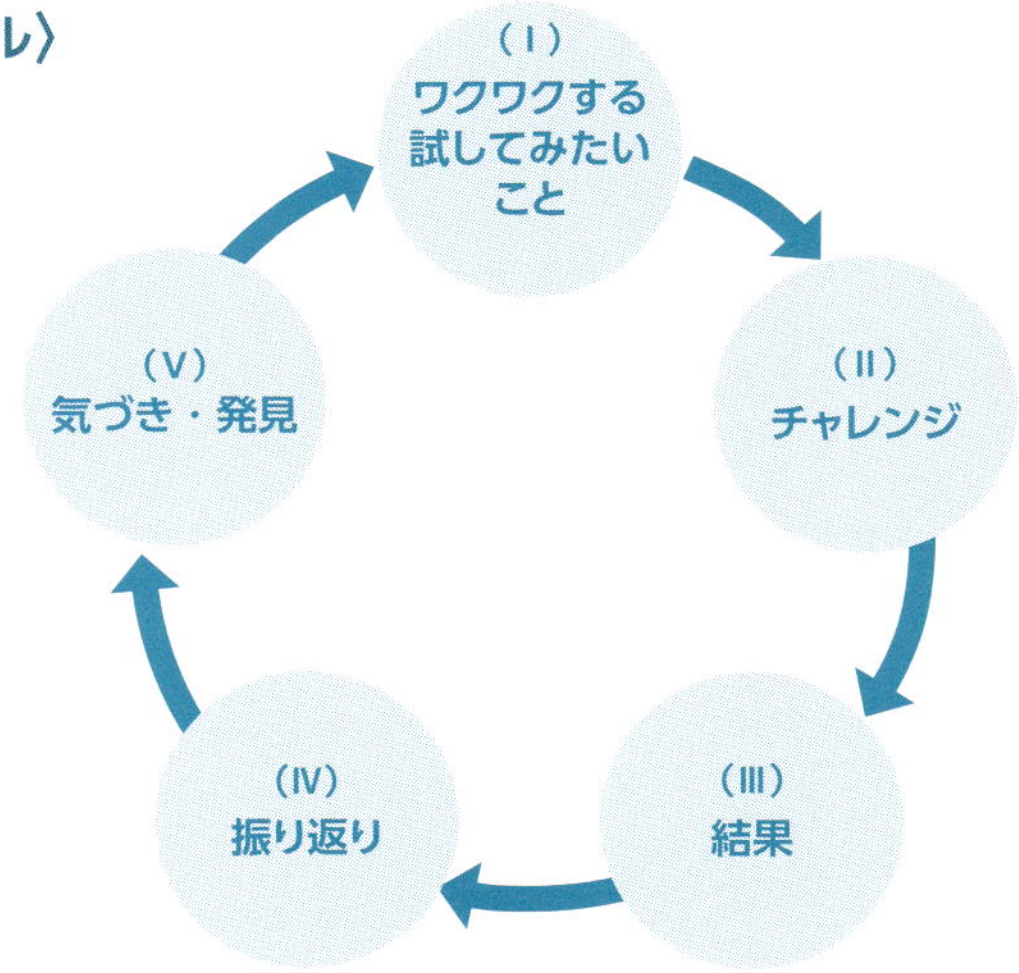

Tips

「意欲」「やる気」を下げる要素

下げる要因をなくせば「意欲」「やる気」は上がる

「意欲」「やる気」を上げる重要性は多くの方が認識している一方で、**「意欲」「やる気」を下げる要素があることは意外と知られていなかったり、おろそかにされていることがあります。**競技に関わることでは、例えば人と比較されたことで「意欲」「やる気」が下がってしまった場合には、これまでご紹介してきた「意欲」「やる気」を上げるアプローチに当てはめた対応が考えられます。

ここからは競技以外で起こる可能性がある、下げる要素に触れたいと思います。本当は「これがやりたい」のに、別のことが気になって仕方がないという状態があったとします。例えば、家族や友人、恋人などとの人間関係、勉強や試験、経済的な理由、などが原因の場合です。こうした場合にはプライベートまで意識を広げ、聞いてあげることが大切になります。そのためには「何でも話してOK」といった信頼関係が重要です。

本来は、「好きだからから」「楽しいから」という気持ちで打ち込んでいるでしょう。そのためには、「気になっていること」＝「意欲」「やる気」を下げる要因を突き止め、解消することで、自然と上がることも少なくありません。

左にまとめた例を参考にして、選手との会話に活かしてください。またこうした場合は解決に至らなくても、「話を聞いてもらえた」「理解してもらえた」ことによって気持ちが楽になる場合もあります。

競技に関連して意欲・やる気が下がる要素

メンタル	身体	技
戦術	マテリアル(道具)	コミュニケーション
環境	プランニング	行動パターン

競技以外で意欲・やる気が下がる例

例 「期末試験が気になって練習に集中できない」が
意欲・やる気の低下の要因だと突き止められた場合

↓

選択肢①
今は勉強に集中したいから今日の練習は休む

↓

選択肢②
練習時間だけは試験を忘れて集中しよう

↓

期末試験がある事実は変えられないが、
課題を整理することで状況が変化する。
同時に解決につながる場合もある

Tips

安心安全な場を作る

向かい方を変えると見え方が変わる

これまでに何度か登場した「安心安全な場」という言葉にも触れておきます。多くのチームでは、選手たちは自分の言葉で伝えることに慣れていません。選手たちが話してくれるようになるためには、**「何を話してもいいんだ」と感じられるような安心安全な場**を作る必要があります。ここでは選手が話しやすい雰囲気を作るための工夫の仕方を紹介します。

話すときのお互いの向きですが、無意識に面と向かった状態になっていませんか？ ある程度信頼関係ができるとこの向き合い方でも問題ありませんが、選手が指導者の表情や目線をプレッシャーに感じる場合もあります。また指導者からすると選手の表情や視線を見ることで、評価・判断・分析モードに入りやすくなります。

そこで例えば90度くらいの向きで話して見ましょう。お互いに常に正面から視線が合うことはないため、自然な会話が生まれやすくなります。ただし距離が近すぎると選手に緊張感や威圧感を与えるため、距離間には注意が必要です。

もう1つはお互いが同じ方向を向くことです。選手と同じ目線になることで、選手のものの見方や考え、感情を一緒に味わいやすくなります。一緒に考えたり探求しやすい向きと言えます。信頼関係が築けた後でも向き合い方を変えることで、また違った視点でものごとを見たり感じることができます。

選手との向き合い方の例

対面

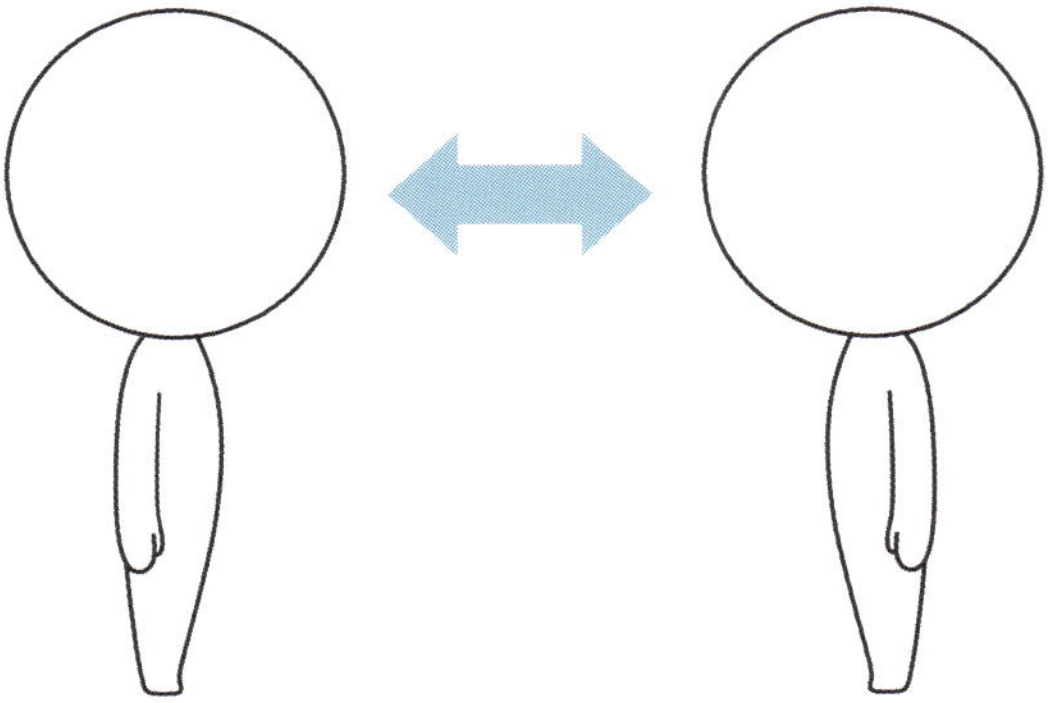

斜め

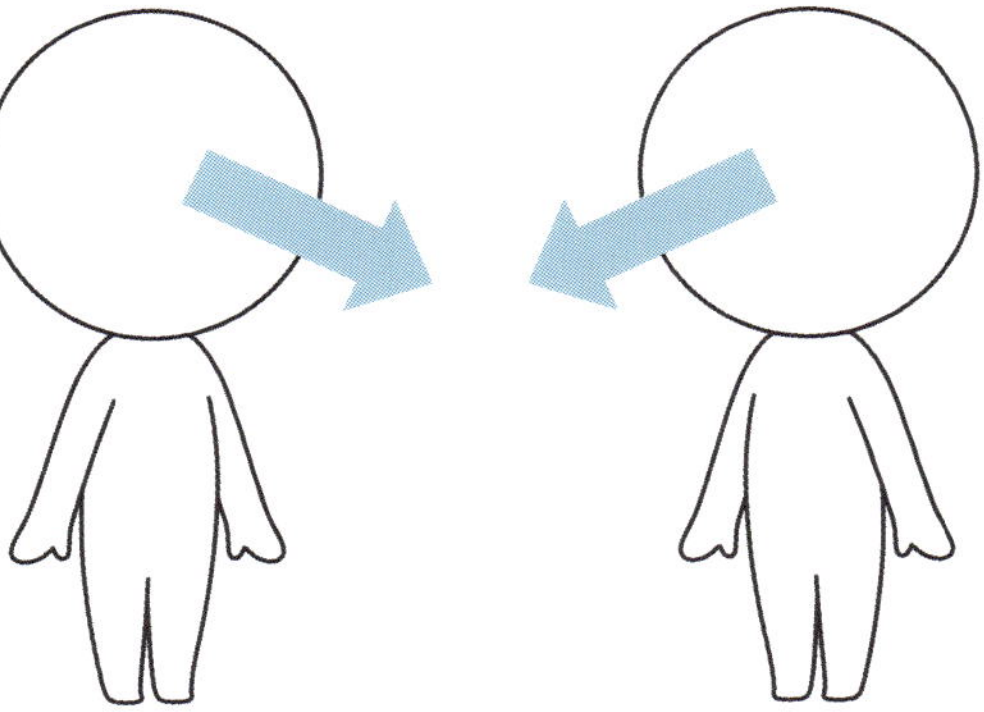

同方向

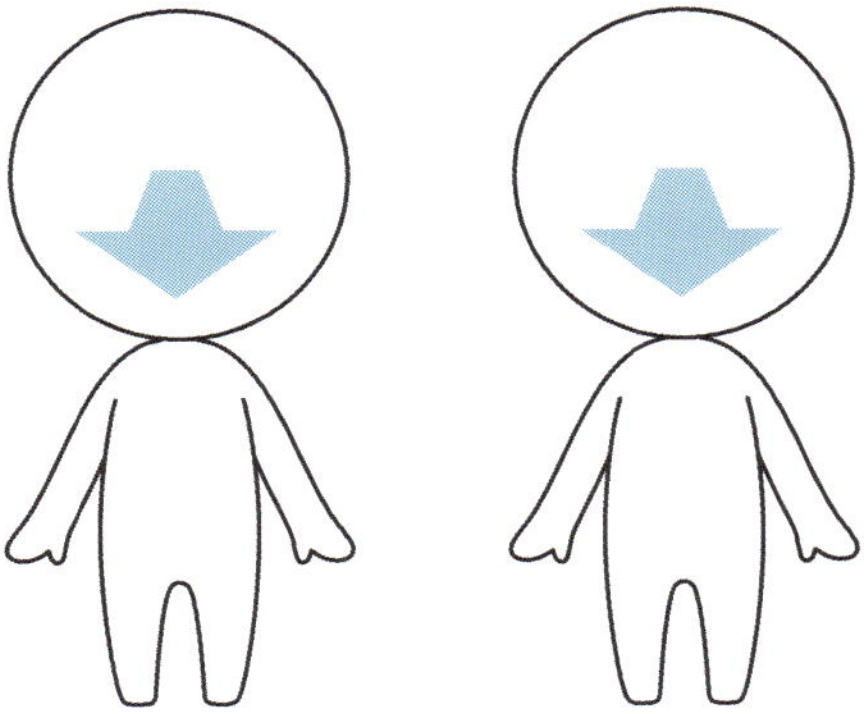

Tips

抽象的なものを数値化するスケーリング

本人の主観で数値化する

スケーリングは**抽象的なものを数値化するメソッド**で、様々なテーマを扱うことができます。意欲・やる気・士気を高めることにも使えます。

例えば「足が痛い」選手がいたとします。その選手に1から10で痛みの度合いを数値化してもらいます。大切なことはあくまでも本人の主観でつけてもらうこと。選手が「6の痛みです」と答えたときにコーチが「なんだ、たいしたことないな」など茶々を入れることのないようにしてください。

サッカー部のキャプテンが、「もっとチームメンバー全員のことを知りたい。だから学年やポジションに関わらず、全員同じくらいコミュニケーションを取るように心がけたい」と言ってきました。そこで「メンバー全員の名前を書き出して、どのくらいコミュニケーションが取れているのか、10点満点で書き出してみるのはどうだろう」と提案したところ、その場で名前と点数を書き始めました。そして全員分書き終わったところで、「メンバーによって、こんなにコミュニケーションの取り方に差があるとは思いませんでした。まずは点数の低い選手たちから話をするようにしてみます！」と言い、その日からコミュニケーションを取り始めました。

このようにスケーリングを用いることで、抽象的なことを具体化することができます。「今日の練習の満足度は？」「次の試合に向けてのモチベーションは？」などいろいろな場面で使ってみましょう。

やり方

①いろいろな要素を数値化する

②一度だけでなく継続して行う

例 バレーボール。今よりも確実にスパイクを決められるようになる

今のスパイクへの満足度

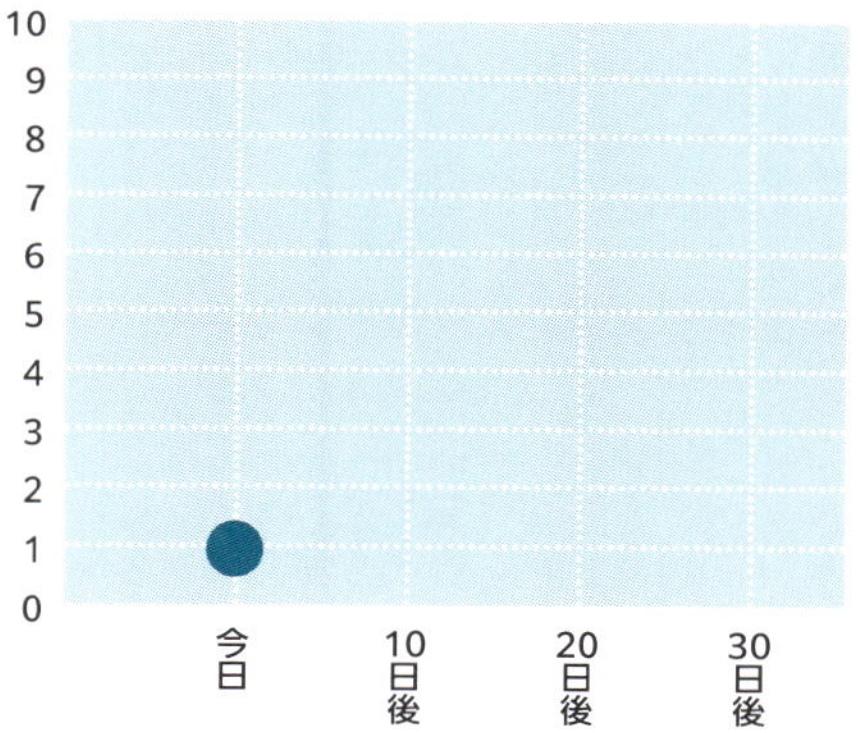

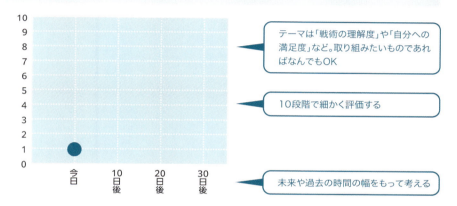

テーマは「戦術の理解度」や「自分への満足度」など。取り組みたいものであればなんでもOK

10段階で細かく評価する

未来や過去の時間の幅をもって考える

継続して評価する

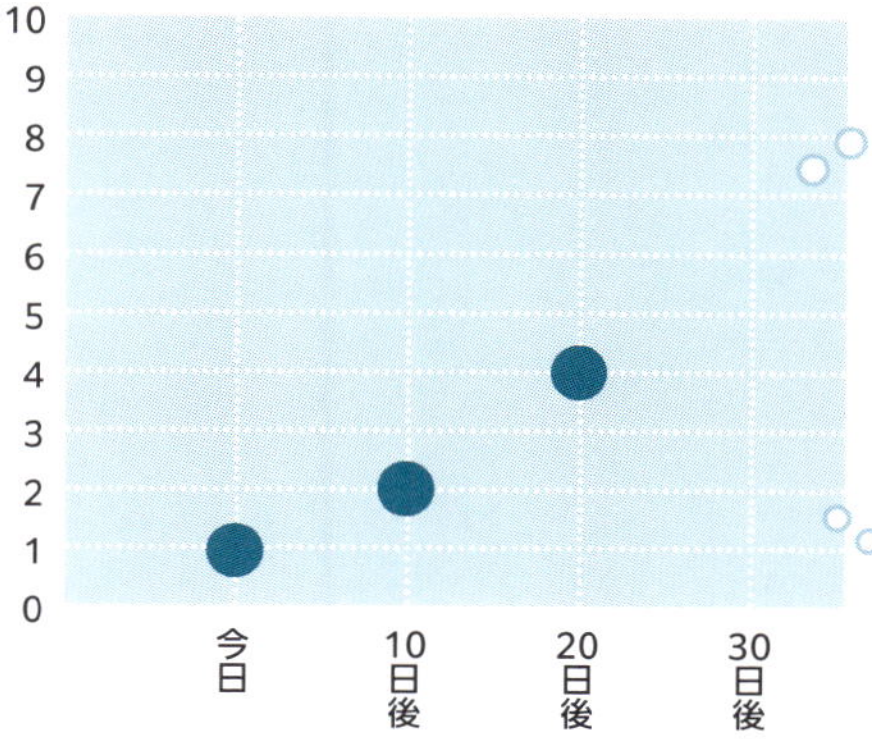

少しずつうまくなっている！
もっと練習をがんばろう

点数で表すことで成長を実感できる。それが意欲・やる気・士気を高めることにつながる

点数があがったのは初日と比べてタイミングの合わせ方がよくなったからだ。集中してもう少しタイミングに取り組もう

点数や変化をどのように捉えるのかは選手次第だが、扱いにくかった要素が扱いやすくなる

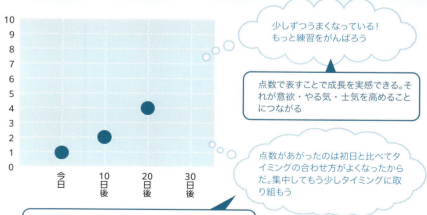

Tips

付箋を使って見える化する

本人の主観で数値化する

対話が苦手な選手には、書き出す手法も活用してみましょう。

付箋を使って、**頭や心の中にある整理されていない漠然としたものを、まずは全部出して見える状態にし、そこから整理をするメソッド**です。やり方はとてもシンプルですが、ワクワクする未来へつながる手がかりを見つけやすくなります。

このメソッドのポイントですが、まずは深く考えずにとにかく書き出します。例えば気になっていることを20個や30個、すべて書き出します。まずはここまでを実践するだけでも、なにかしらの気づきがあるでしょう。

ルールは①付箋1枚に1つの項目を書く、②短い文章や単語で十分、の2つです。続いて書き出した付箋をグループ分けするのですが、グループのカテゴリーは選手自身が考え、整理も選手が行います。そして改めて付箋に書いた内容を見る時間を作ります。

こうした作業を実践することでそれまで気づかなかったことに気づけたり、解決につながったりします。見える化することで選手自身の頭の整理にもなりますし、考えを共有しやすくなります。

私たちメンタルコーチにとって付箋は必需品であり、常に持ち歩いています。付箋を使った見える化が習慣化できると、素敵な変化が生まれるに違いありません。

やり方

①テーマを決めて付箋に書き出す
②書き出した内容をグループ分けする
③書き出した内容を見て考える

例 野球。試合でエラーが多いので少なくしたい

ルール

- 付箋1枚につき書くのは1項目のみ
- 短い文や単語でOK
- すべて書き出したらグループ分けをする
- 選手がカテゴリーを考え、整理も自分で行う

手順1

頭の中にあるものを書き出す

思いつくままにできるだけ多く書き出す

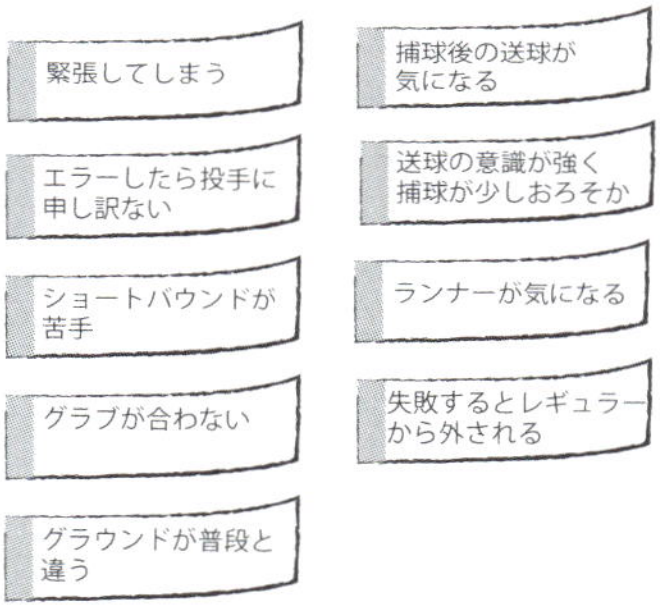

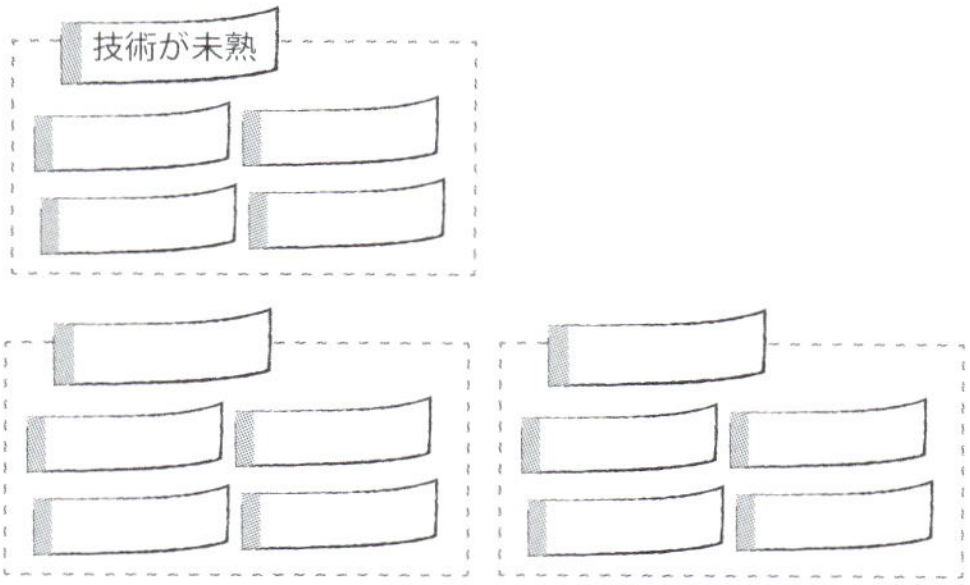

手順2

グループ名も書き出す

境界線は仮想のライン。本人が整理できていればラインを引かなくてもOK

手順3

改めて見つめ直し、状況に応じてさらに頭にあるものを書き出して見直す

見える化→整理→見直しをすることで気づきがある。それが解決への糸口になる

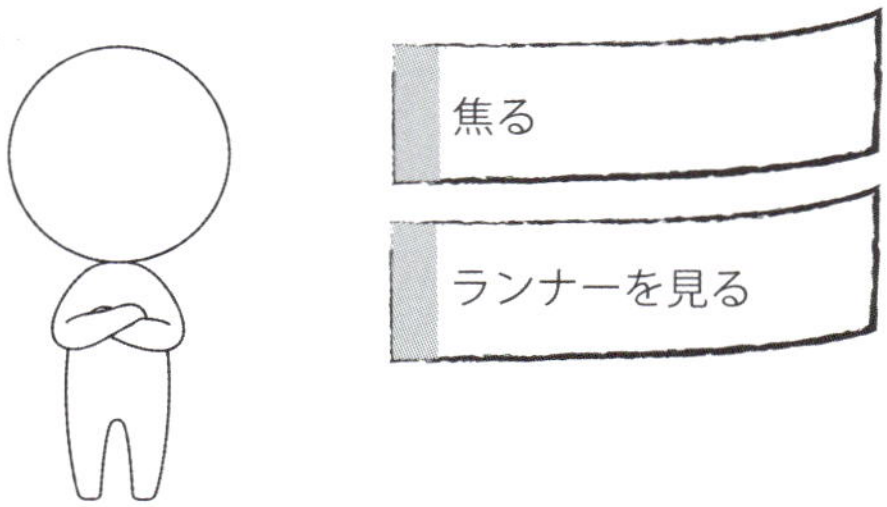

Tips

いつもより詳しく聞いてみる

選手の考えや思いを聞く

これまでの指導者たちのエピソードからもわかるように、今までよりも少し詳しく話が聞けるようになるだけで大きな変化が生まれます。自分の世界観を押し付けたり、自分の過去の体験を基準に伝えていたところを、選手の考えや思いを聞くようにすることで、改めて一人ひとりが違うことを実感されています。自分とも違い、選手同士も違うことを前提にすることで、気持ちに余裕も生まれます。少し聞いた段階で自分の体験や見聞きしたことと照らし合わせるのではなく、もっと興味を持って聞いてみましょう。そうすることで、これまで知らなかった選手の課題に気づくことができ、必要なアドバイスがピンポイントで届けられるようになります。

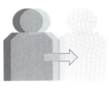

一人ひとりはどのくらい違う？

共通している部分が多い人もいれば、
ほとんど共通しない人もいる

わかった気にならずに聞いてみる

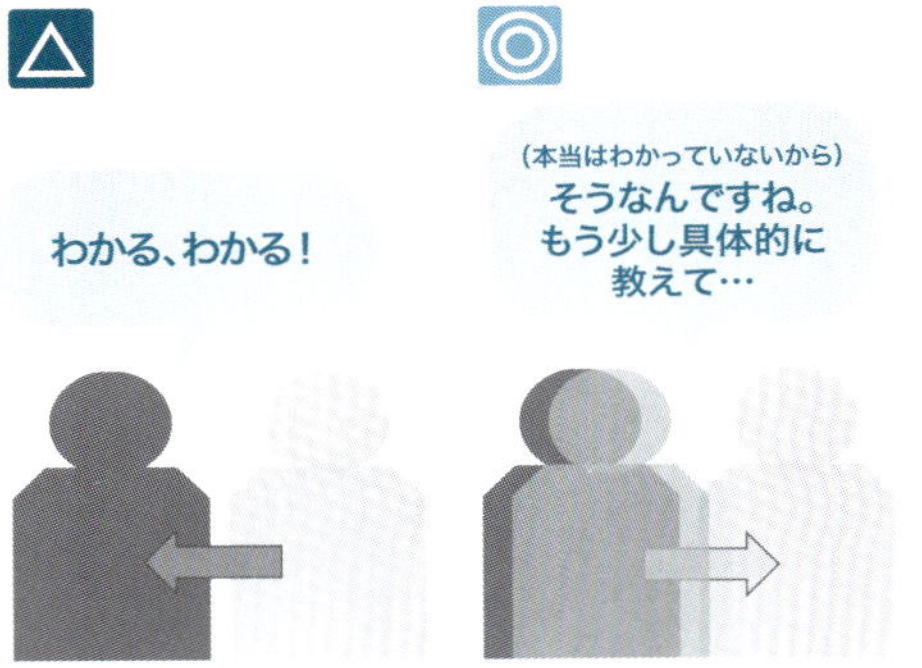

自分の体験を中心・基準として話を引っ張り込んでいる

相手の体験が中心で、それに共感して聞いている

PART 3

伝える

練習前
今日も長いな…
練習時間がなくなるよ
目標は…
あのプレーはよかった！その調子で頼むな！
練習中
もっと声出せ！
何を言えばいいんだよ
今無理だし
翌日練習前
よし、今日は…
練習後ようやく
話が聞きたいって言われて、これしたいって言った意味ないし
今日も練習後に1時間の熱弁だよ

このパートでは指導者としての想いを伝えることからはじまります。すでに皆さんはパート2でよい聞き方を身につけられたと思います。そこで選手たちに聞かせてもらった「想いや考え」「未来に向けてやりたいこと」を描いたうえで、指導者としての想いを、一方通行にならない、自分中心すぎないように伝えていきましょう。

エピソード
EPISODE

コミュニケーションの変化がチームや選手に与える影響

ここでは私のセミナーに参加してくれた方々や関わりのある方の「伝える」のエピソードを紹介します。

鈴木（サッカー指導者） サッカーの指導の前に、学校での生徒たちとの出来事からお話しします。学校ではケンカやいじめなど、いろいろなトラブルになってしまう生徒に出会いました。起きてしまった出来事には指導や調整が必要でも、人格は否定しないことが生徒指導の大前提です。生徒同士で和解し、保護者へ連絡をして話をするのですが、起きた事実を伝えるだけではよい方向にいかないこともありました。生徒たちが起こした悪さや行動は変えられませんが、保護者が何を求めているのかを考える必要があったのです。保護者にすれば「うちの子は悪くない」という想いがどこかにあるものです。それに対してこちらが事実だけを伝えると、「あなたの子が悪さをした」「学校側に問題はないのか？」などお互いのミスの追及や指摘などがはじまってしまいます。そうならないためには、「起きた事実は変わらないけれども、子どもには今後どのようになってもらいたいのか」「今回の出来事を今後のプラスとして活かすためにはどうしたらよいのか」という視点が必要なのです。こうした視点や考えが持てるようになると、「学校ではこういったことができるかもしれません」「自宅ではここに気をつけます」など、いがみ合うのではなく一緒に解決するような空気感になります。そしてこうした伝え方や話し方をするためには現状の整理が必要ですが、子どもたちに聞くときに工夫をするようになりました。彼ら彼女らに「本当はどうしたかったの？」と聞くようにし、起こした行為はダメだけども人格否定はしないように心がけました。すると「本当はこうしたかった」「謝りたいと思っている」など、自分の言葉で話してくれます。以前は一方的に起きた出来事だけを伝えていましたが、子どもたちから話を聞いて事実確認をし、子どもたちの想いも含めて保護者に伝えるようになりました。子どもの成長が一番大事です。そこをきちんと押さえるゴール設定ができるようになり、結果として保護者とも子どもたちともよい関係が築けてきたように感じます。こうした想いは少し関わっているサッカーの指導にも活きています。今までは「それじゃダメだ」「二度とするなよ」「もっとこうしろ」など、一方的に伝えようとしていました。それが子どもたちの意見を聞くようにすると、私と同じようなことを思っている場合がほとんどでした。そのことが理解できてからは、「子どもたちが本来持っているよさをどう支援したよいだろうか」という視点に変わりました。心から選手を信じるようになり、「ミスはそもそも起こる前提でプレーしよう！」というマインドになったのです。それからより具体的な言葉が出るようになりました。これまでは「ドンマイ」「ダメだよ」くらいしか言えませんでしたが、「もっとボール出しを早くしよう」など具体的な現象に対する取り組みを言葉にできるようになったのです。選手たちは今、こちらの顔色をうかがうこともなく、のびのびと楽しそうにプレーしています。「聞く」「伝える」といった選手との関わり方を変えることで、こんなに変化が起こるんだ。改めてそう思います。

森本（バレーボールコーチ）　私はプロチームでコーチをしていますが、今まではずば抜けた身体能力や感覚でプレーをしてきた選手が多いように感じます。そんな能力が当たり前のように存在するプロの世界では、身体能力や感覚だけでは通用しなくなる選手も多くいます。プロの世界で活躍するためには、「どうすれば活躍ができるか」「プレーが上達できるのか」を見つけることが大事です。もちろん選手たちはこのことを考えていますので、コーチとしては「選手たちの考えていることを整理する」「考えが明確になったうえでどうしていくのかを見つける」といった関わり方を心がけるようになりました。その結果、「行動できると選手の成長速度は上がる」ことを目の当たりにするようになったのです。特に重視していることは言語化する機会を増やすことです。普段の会話であったり、1対1でコーチングやフィードバックをするようにしています。そうなると選手たちが主体となります。以前であれば「レシーブ練習をしたいのでボールを打ってください」とお願いされたりしましたが、今では「レシーブ練習をしたいのですが、現状〇〇が課題で、〇〇のようにするためにこうしたいと思っています。ですので、このようなボールを多めで打ってほしいです。」とかなり具体的に伝えてくれるようになりました。自分がわかりやすく伝えることも大切ですが、「この人は自分の考えを伝えても大丈夫な人だ」と選手たちが伝えてくれる存在になることも非常に重要なことだと感じています。

佐藤（スキースクール代表・インストラクター）　スキースクールでは、中学や高校のスキー旅行を受け入れる機会があります。まったくスキーをしたことがない子どもたちに2日間や3日間のレッスンをするのですが、生徒数が多い学校は10人×30班くらいになることがあります。つまり30人のインストラクターがそれぞれの班の生徒さんたちにレッスンをするのです。限られた時間ですので、「こういうレッスンの展開をする」「これができないときはこうするとよい」など、ある程度の指導マニュアルがあり、ほとんどの子どもたちが1日でリフトに乗って滑れるようになります。もちろんうまくできない子もいますが、少しフォローをすれば必ず滑れるようになります。ところが翌日、ゲレンデに出てこない子が少なくないのです。「体調が悪い」「少し痛めた」などの理由であればわかりますが、館内で合うと元気そうなのに、滑りたくないという気持ちが大きいようなのです。なぜこうしたことが起こるのかというと、レッスン時のインストラクターの声掛けの違いが大きいと感じています。最終日までスキーを楽しんでくれる子どもたちの担当インストラクターたちは「OK!がんばった!」「惜しかったね。さっきよりも10m長く滑れたよ」など、子どもたちの気持ちを盛り上げるような声掛けをしています。一方でゲレンデに出てこなくなる子が多い班のインストラクターたちは「なんでできないんだ!」「また同じ失敗をして!」と、子どもたちのやる気を失わせるような声掛けをします。何度も何度も指導の研修をしますが、声掛けはなかなか変わりません。現状では対処療法的ですが、よくない声掛けをするインストラクターの周りにできるだけ私がいるようにしています。威圧感で言葉遣いへのプレッシャーをかけている感じです。多くの方の話をうかがって、私自身も変わる必要性をとても感じています。この本を通じて、よいコミュニケーションの取り方を学ぼうと切に感じている現在です。

相手に届く伝え方

伝えて終わりではなく確認が重要

パート1の現在地確認で「聞く」と「伝える」について、ご自身でスケーリングをしていただきましたがいかがでしたか？　選手との会話で、聞くにかける時間と伝えるにかける時間はどのようなバランスでしたでしょうか。

指導者の皆さんは、選手たちに対してたくさん伝えたいことを持っていることと思います。技術、戦術、身体、練習に臨む姿勢、など。本当に伝えたいことが選手一人ひとりに伝わるためには次の3つのポイントが重要になります。

①選手がどのように考えているのか感じているのか現状を把握する（聞いてみる）。遠回りのように感じても、まずは現状を把握しておくことがとても大切です。伝えたいことが伝わるためにこそ、「聞く」ことがとても大切だと考えています。

②その現状を踏まえて選手が受け取りやすいように伝え方を工夫する。冒頭のエピソードの中にもあったように「一方的な伝え方」や「考えの押し付け」を変えるだけで聞き手は受け取りやすくなり、指導者の意図を理解しようとする姿勢に変わります。選手が受け取りやすい伝え方を意識することで、これまで以上に伝えたいことが伝わることでしょう。

③伝えたことがどのように伝わったのか、どのように理解したのかを選手に聞いてみる。さまざまな現場で指導者から「伝わっているのかな？」「どこまでわかっているのかな？」という声を耳にしま

すが、先述したように人は一人ひとり違います。こちらが発したメッセージの受け取り方も、選手によって異なります。伝えて終わりにせずに、選手たちが「どんなことを受け取ったのか」「どう理解したのか」という確認するプロセスを加えてみましょう。

選手に起きていることや選手の考えを把握できたら、その現状に応じたアドバイスを追加することで、選手はより理解しやすくなり気づきや考えるきっかけ、解決のヒントとして受け取ってくれることでしょう。「伝える前に聞く」、「伝えた後にも聞く」ということをまずは意識してみて下さい。

図1　伝える前に聞く、伝えた後にも聞く

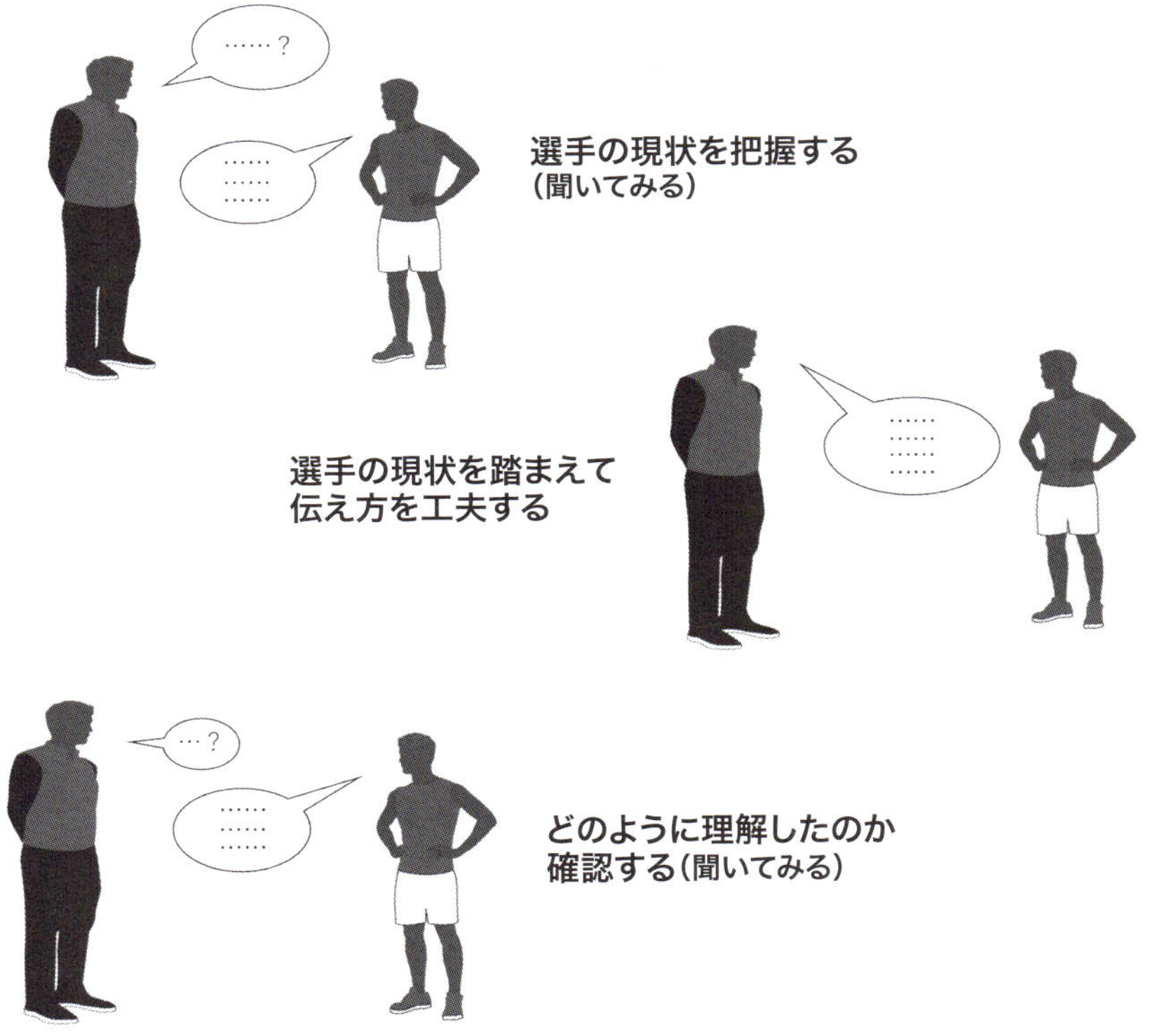

伝える

入門
レベル

自分の思いを伝える

こう伝えてみよう

・自分の指導者軸を踏まえて

「自分が大切にしていることは○○なんだよね」

ここを大事に

- 選手たちにどのような体験をしてもらいたいかの思いを込める
- 自分がなぜ指導者をしているのかを踏まえる
- 選手たちの将来のどのようなことにつなげたいのかを考えて

こんな感じで

CHECK!
振り返ってみよう

伝え方のここをチェック

☑ 自分の思いが込められていたか

さらに
レベルアップ

思いや考えを伝えることは、日頃から行っている指導者も多いと思います。選手が受け取りやすくするためには、「どんな場所で」「どんなタイミングで」「何を使って伝えるか」などの工夫をしてみましょう。例えば、屋外/屋内、開けた広い空間/閉じた狭い場、練習前/練習後、資料の有無、マイクの有無、などの環境を整えることでも違いが生まれます。

POINT 1 I(自分)メッセージで伝える

これは「自分はこのチームをこのようにしていきたい」など、自分を主語にして思っていることや望んでいることを伝える方法です。特に自分の思いを共有し、共感してもらいたい場合に有効です。ただし状況によっては選手を主語にしたほうがよい場合もありますので、選手の反応を見ながら使ってみましょう。

POINT 2 自分軸を整理する

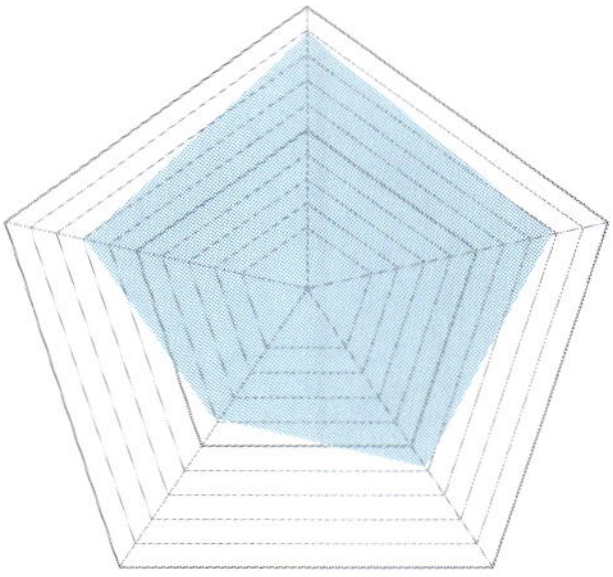

パート1の指導者軸の確認(12ページ)を思い出したり、再度実施してみましょう。軸というと不変のように思いがちですが、実際には選手と接するうちに変わることもあるからです。指導者軸を確認することで「選手にどのようになってもらいたいのか」「チームをどのようにしたいのか」などを確認し、I(自分)メッセージで選手に伝えます。

POINT 3 本音でポジティブに伝える

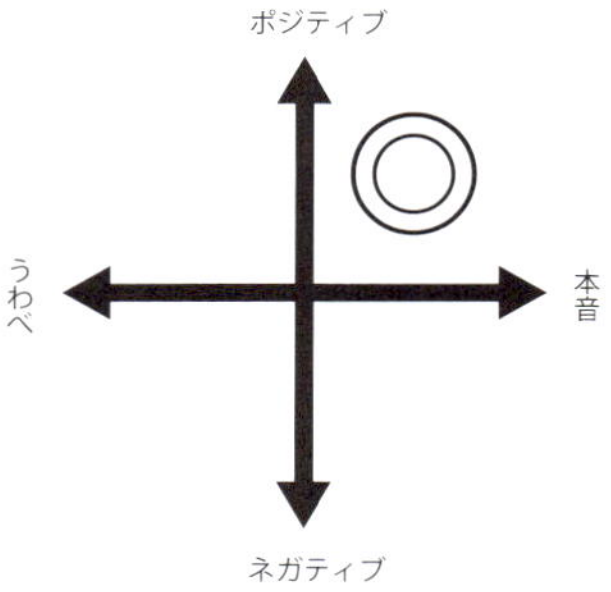

「ミスはダメ」と思っているのに「大丈夫!」と伝えるのはうわべ+ポジティブです。また「それじゃダメだ!」は本音+ネガティブです。本音でポジティブとは「状況を確認しながら声をかけていこう!」「丁寧にプレーしよう」といった声掛けになります。

伝える

初級レベル

どう伝わったか確認する

こう伝えてみよう

入門レベルの内容を伝えた後に

・感じたことを聞いてみる
「どんなふうに理解したか教えてもらえる？」

・いろいろな選手に聞いてみる

ここを大事に

- 一人ひとり違う前提で選手の答えを聞く
- 自分が伝えたいことと異なっていても最後まで聞く
- どのように伝わっているのかの確認をする
- 話しやすい選手だけでなく他の選手にも聞く

こんな感じで

CHECK!
振り返ってみよう

伝え方のここをチェック

- ☑ 一人ひとり受け取り方が異なることを理解する
- ☑ 一人ひとりに合わせた伝え方の必要性を感じ取る

さらに
レベルアップ

選手がどのように受け取ったのかを確認すると、一人ひとりが異なる受け取り方をしていることが理解できるでしょう。そうなると、一人ひとりに合わせた伝え方が必要になります。この点については「さらにチャレンジ(102ページ)から紹介しますが、それぞれ受け取り方が違うことを体感してください。

POINT 1 伝えたことを描いてもらう

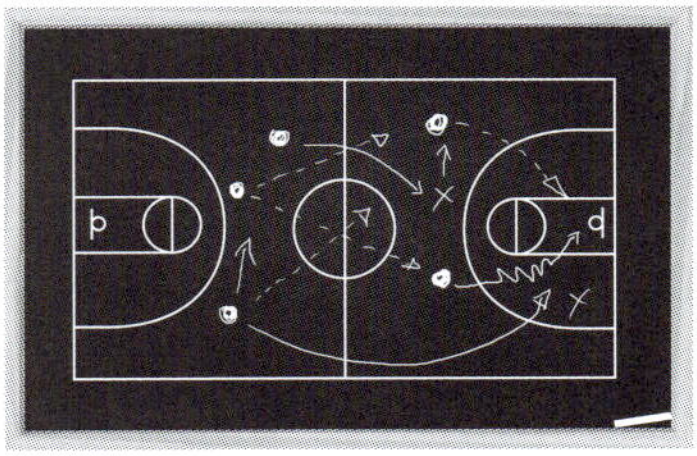

どのように伝わったのかを図や戦略ボードに描いてもらうことで、言葉で言ってもらう以上にどのように理解をしたのかが鮮明になります。また選手たちの描いたボードを使って「センターサークル付近では何が見える？」など、さらに具体的に深く、選手の考えや理解度を引き出すこともできます。

POINT 2 2人ペアになり話してもらう

俺はこういうことだと思ったよ。君は？

選手たちにペアになってもらい、ペアごとにどのように理解したのかを話し合ってもらいます。以前も述べましたが、選手同士で話してもらうと「茶化し」が大きな妨げになることが往々にしてあります。茶化しが見られたら「本音でポジティブ」かつ「楽しく真剣」を選手たちに説明し、よい空気感で話してもらうように場を作ります。

POINT 3 選手たちにも一人ひとり違うことを伝える

そういう考えもあるな！
監督は気づかなかったよ

選手間は指導者と選手よりも距離感が近いことが多いでしょう。そこで起こりがちなのは、ペアの意見に対して「それは違うよ、こうだろ!」と相手を否定し、自分の考えを押し付けることです。全選手に一人ひとりの理解や意見が違っていいことを伝えましょう。

伝える

中級
レベル

相手によって伝え方を変える

こう伝えてみよう

選手に合わせて伝え方を変える

※左の要素の例を踏まえながら工夫する

ここを大事に

選手に合わせて伝える工夫をする

変えられる要素の例

- テンポやスピード
- より具体的に（話す・描く・動く）
- 情報量の多い少ない
- エネルギー感の強さ

こんな感じで

CHECK!
振り返ってみよう

伝え方のここをチェック

- ☑ 伝え方の工夫ができたか
- ☑ 選手の反応を見て「より伝わった」「まだ伝えきれなかった」を把握できたか

さらに
レベルアップ

伝える工夫のチャレンジは、上手くいかないこともあるでしょう。左のポイントを参考にして何度か実践してみてください。また一人ひとりの選手に多くの時間を割くことが難しい場合は、①ノートを使ってやり取りする、②何グループかに分けて伝える、③キャプテンや副キャプテンに手伝ってもらい、理解しやすかったものを聞いてもらう、などのやり方もよいでしょう。

POINT 1 リクエストする

なるほどそうか。
さらに……
〇〇してもらいたいんだ

選手の行動に対して何かを求めるときに、「自分から動かないからダメなんだ」「準備が遅いんだよ」などの文句として伝えがちです。これを「もっと自分から動いてほしい」「準備は5分で完了してほしい」など、相手へのリクエストにして伝えます。「こうしてほしいこと」をより具体的にイメージできる伝え方ができると理想です。そうすることで、選手も指導者の言葉を受け取りやすくなります。

POINT 2 環境に工夫する

体育館の扉を開ける
部室から出てグラウンドで話す など

伝え方の工夫は言葉だけではありません。例えば体育館で練習をする競技であれば、体育館の扉を開けて視界が開けた場所で話すことが有効な場合があります。逆にグラウンドを使う競技であれば、ベンチなど少し落ち着いた場所で話すことで、選手の意識や聞く姿勢が変わることがあります。

POINT 3 他の選手との比較ではなく個の伸びしろを意識

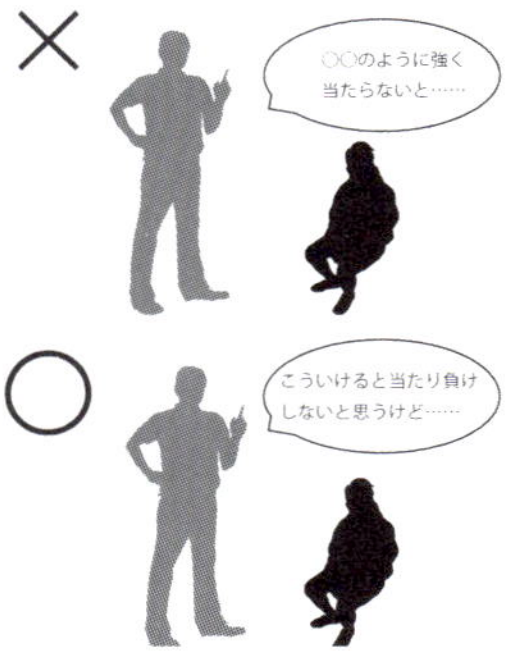
×
〇〇のように強く
当たらないと……
〇
こういけると当たり負け
しないと思うけど……

日常的に選手と接していると、一人ひとりの特徴や個性、できている・できていないなど、それぞれの違いも把握されているでしょう。ついつい、できている他の選手と比較をしがちです。しかし他者との比較ではなく、選手にとっては自分自身との比較のほうが受け取りやすくなります。個の伸びしろを意識して伝えましょう。

伝える
さらにチャレンジ

聞いた後に伝える

こう伝えてみよう

選手に話を聞いてから伝える

※左の要素の例を踏まえながら工夫する

ここを大事に

できるだけ具体的に聞き、具体的に伝える

聞く要素の例

練習中 / 練習中 / 練習後

試合中 / 試合中 / 試合後

それぞれの場面について

- 心・技術・身体・戦術・チーム・思い
- 起きていること・起きていたこと・起きそうなこと
- 個人やチームとしてどうありたいのか
- 競技だけでなく将来的にどうなりたいのか

※相手が一度で受け取れる量を工夫する

こんな感じで

CHECK!
振り返ってみよう

伝え方のここをチェック

- ☑ 具体的なコミュニケーションが取れたか
- ☑ 最後に確認をしたか

＼さらに／
レベルアップ

選手の思いを聞き、指導者の考えを伝えるというコミュニケーションの質が高まると、選手たちの可能性を引き出すことができます。コミュニケーションを通じて「意欲」「やる気」が高まり、「モチベーションが上がる」「練習の質が高くなる」「もっと上手くなりたいと思える」「考えや気持ちが整理できる」といった状態になるからです。こうしたコミュニケーションを定期的に続けてください。

POINT 1 監督の考えをテーブルに載せる

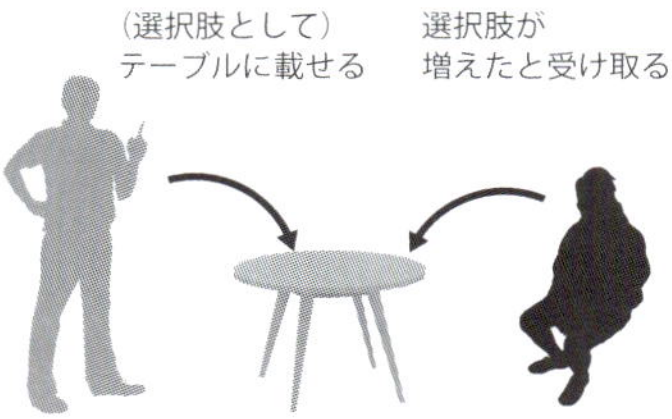

選手自身が考えることも大切ですが、経験豊富な指導者の考えも大切です。選手の思いや考えを大切にしながら他の方法を届けたい場合は、「テーブルに載せる」という伝え方をします。「例えば○○はどうだろう」「他に○○もよさそうだね」など、選手が自ら選んで取りに行けるように、一度テーブルに提案を載せ、最終的な判断を選手にゆだね、監督はそれを届けます。

POINT 2 安心安全な場と「ありがとう」

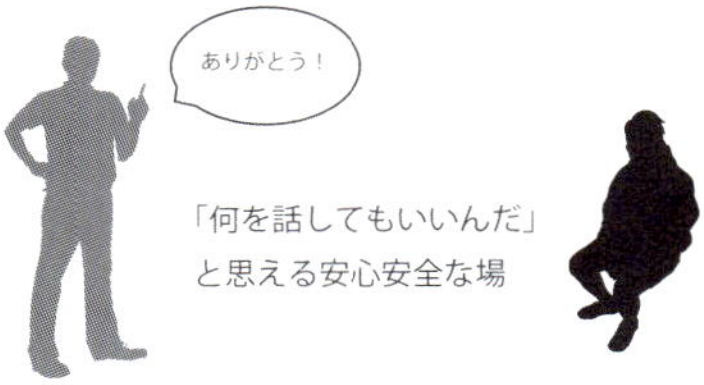

ここまでトライされた皆さんは、質の高いコミュニケーションが取れていることでしょう。「自分の考えを言っていい」「自分の考えを伝えていい」「否定されずに聞いてもらえる」といった安心安全な場づくりができたら、ここでさらに「また話したいな」と思ってもらえる工夫として、「（話してくれて）ありがとう」と笑顔で会話を終えてみましょう。

POINT 3 指導者の役割の変化

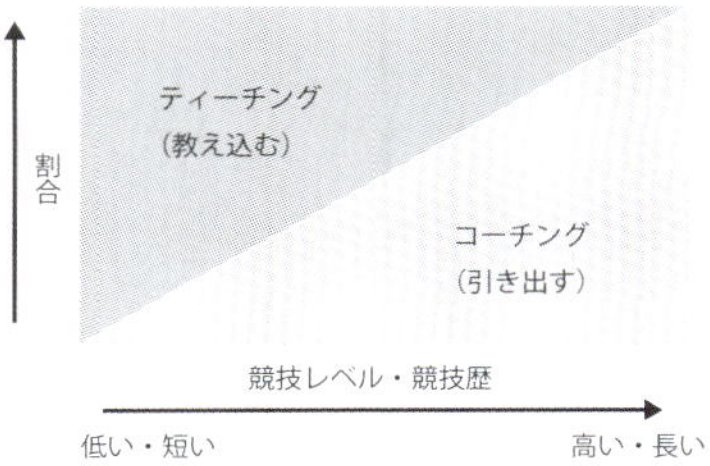

選手の経験や知識に応じて、指導者の経験や知識を伝える割合は変化すると思います。伝える割合が高い段階から、本人に考えてもらう割合を増やす段階まで、選手の年代や経験、理解度に応じて意識して変えてみましょう。選手の思いとリンクしているかも気にしたいところです。新チームになるときなどが切り替えやすいタイミングになります。

エピソード
EPISODE

サッカーU-15チームのコーチたちに起きた「伝える」の変化

58ページで「聞く」について振り返ってもらった篠原真樹さん（カマタマーレ讃岐U-15）、関原凌河さん（サンフレッチェ広島アカデミー育成）、吉田拓郎さん（ヴァンフォーレ甲府U-15 監督）。ここからはお三方に、このパートのテーマである「伝える」についてうかがいました。

伝える変化で変わる出来事

柘植　先ほどは「聞く」についてお話しいただきましたが、ここからは「伝える」について、皆さんの変化を教えてください。

関原　日本代表の森保監督のエピソードを聞いてすごくいいなと感じました。３つのポイントがありましたが、そのなかでも最後は笑顔で終わることはとても意識しています。少し厳しい内容を話したとしても「次は期待しているからね」という気持ちを込めて笑顔で終わるようにしています。以前は「そうは言っても同じ失敗をするかもな」という気持ちがどこかにあった気がします。

篠原　僕は結構長く話をしてしまう傾向にありました。言いたいことが多いときは特にです。サッカーに限らずですが、練習では選手たちがプレーする時間を長く確保することが大事なのに、それが十分にできていなかったと思います。セミナー後は特にそこに気をつけていて、まずはシンプルかつ短くて聞きやすい言葉で伝えるようになりました。

吉田　以前は気づいたところをダイレクトに伝えることが多かったのですが、選手たちに考えてもらいながら伝えていくようにしています。目標を思い出してもらいながら、「否定ではなく新たなエネルギーを」を大事にしています。一方的に伝えるだけではなく、「目標はこうだよね」というところから入り、「じゃあこの目標を達成するためには、こういうプレーが必要で、監督は今こういうことを求めてるんだ」というような伝え方をするようになりました。このように話しかけることで、選手たちも「ちょっとやってみようかな」という感じで受け取り方に変化が出て来たように思います。

柘植　素敵な変化が起きていますね。もう少し聞かせてください。

関原　そうですね。自分にも余裕がないと伝え方の工夫や自分を客観視することができませんので、そうしたタイミングや状況にも気をつけるようになりました。それから安心安全な場で伝える大切さを教わりましたが、「確かに！」と思ったことは「選手をコーナーに追いつめないこと」。しっかりと聞き出して選手に対していい意見が言えるようになったなと思えるようなコミュニケーションを取れること」という意味の言葉です。

それから選手に言いたい文句はリクエストに変えて伝えることも実践しています。やはり私たちが「こうしてよ」ではなく、「もっとこうしてほしいな」と言い方を変えるだけでも全然伝わり方が違います。振り返るとこれまでは文句のように言っていたと思います。

篠原　どうしても確認したいことがあれば、練習の合間など時間が取れるときに個別に呼び、「今のはこういうことだったんだけど、どう思う？」など、「僕が言ったことがすべてではないことと、その選手がどういう判断をしてそのプレーをしたのか」ということを聞くようにしています。そのうえで

「さっきの僕が伝えたことはわかる？」などと確認をし、伝えたことと違う捉え方や意見であれば、「こういうことだったんだね、じゃあこうだね」といった答えが言えるようには準備しています。

吉田　自分も伝え方がポジティブな言葉に変わってきたように感じます。以前は要望をダイレクトに「ここはもっとこうしてくれ」「もっとシュートを打ってくれ」などと伝えていました。それが今では、「プロの選手たちは守備のときはどういうふうに守っている？」「そんな簡単にはいかないよね。もっと強くいってみようか」と伝えるようにしています。篠原さんや関原さんと柘植さんのレクチャーを話し合ったこともよい変化のきっかけになったと思います。

篠原　柘植さんのお話で、自己肯定感という言葉が出てきましたよね。選手によってこれが高い子もいれば低い子もいるので、そのあたりは伝え方に変化をつけるようにしています。それから伝えたいことがいくつかある場合には、「今すぐに改善できるものか」「それとも改善できないものなのか」「時間が解決してくれるものか」といった判断をしてから伝えるようにしています。選手たちは中学生ですから、「今すぐ取り組まないといけない」こともありますが、「時間をかけてじっくりと見ていくなかで改善していく」こともあります。そのあたりは気を使っています。

柘植　ありがとうございます。ちなみにこの本では次のパートの内容になるのですが、他のコーチ陣や保護者の方との関わりにも変化が生まれましたが？

吉田　全体的に相手の話を聞こうとする姿勢が強くなったように思います。今までは観察するだけでしたが、自分が聞く姿勢になったことで相手の考えや言いたいことがよくわかるようになり、伝えることがちょっと変わってきました。「こういうことを言いたいのか

な？」と受け取りながら話していますので、より深く返せるようになったと。これまでは相談をいただいても、「こういうときにこんなことあったよ」といった自分の経験談で終わっていました。それが例えばコーチの悩みであれば、一度話を聞いてから「そこのどういうことが気になっているの？」といった深掘りをして聞き出し、以前より細かいアドバイスができるかなと思います。

関原　僕の場合、以前はどちらかというと話が弾みませんでしたし、自分で会話にすることへの苦手意識がありました。それが伝えるよりも聞くことを学んでからは、話が弾むようになりました。選手たちは思春期ですので、家では保護者が話しかけても無視をされたり、否定的な返事から入ることが多いそうです。僕らの前ではそうした態度は見せませんので、そうした情報を知っておくことは大事だと思っています。それから彼らがチームで見せる状況を保護者の方に伝えるようにしています。そうすることで保護者の方々が「自分の子どもはどうなのか」であったり、「チームに対してどのように思っているのか」を把握するようにしています。

篠原　スタッフ間は以前から密に情報共有をしていましたので、さほど変化はないです。保護者の方々とは関原さんと同じで、自分たちには見せない選手の顔が自宅では出ると聞きます。私は中学3年生を見ているので、これからの進路を考える学年です。そのため保護者の方々との会話は多くなっています。選手と保護者の方と一緒に話をすることが多いのですが、やはり選手は家族には素直に話をしないんですね。そこで私がファシリテーター役になり、少しでも話が円滑に進むように努力はしています。選手が上手く伝えられないときは「こういうことだよね？」と言ったり、保護者の方々には「もしかしたらこういう思いがあって言えないかもしれないですね」「家でこんなことがあったと聞いていますので、それで言えないのかもしれませんね」などと伝えながら選手の考えを伝えることがあります。

柘植　ありがとうございます。最後にこの本を読んでいる指導者の方々にコミュニケーションが変わることで生まれる素敵な変化について、皆さんの体験からお話しいただけますか？

関原　選手同士で話してもらう機会も増えましたし、選手たちの伸びしろを感じるようになりました。僕はまだ伝えるほうはスキル不足ですが、聞くことについては自分の意識一つですごい変化が生まれることはとても実感しています。

吉田　「聞く」とか「伝える」ことは、これまで自分の経験則でしかやってきませんでした。それが柘植さんの話を聞いて「こういう方法があるのか！」「こういう考え方なんだ！」というところがいろいろと整理されました。同じような悩みを持った吉田さんや関原さんと一緒だったこともすごく大きかったです。とにかくまずは要点を意識してやってみてください。意識することだけでも必ず変化が生まれると思います。

篠原　これまでの私は、人とのつながりを増やすための手段を持ち合わせていませんでした。それが今回のセミナーで、言葉だけでなく視覚、目で情報を収集することであったり、絵に描くことであったりと、いろいろな方法があることを知れました。そしてチームの選手たちは「今すぐ解決できること」と「すぐにはできないこと」がありますが、まずはやってみないと判断がつけられません。その場合でもこちらの意見を一方的に伝えるのではなく、選手一人ひとりをリスペクトし、お互いが自分の意見を伝え合える関係性を大切にしながら進めています。こうした関係性の構築は、これからも大事にしたいと思います。ありがとうございました。

関原　最後にもう一つ言わせてください。僕が自分が話を聞かれる立場だったらと思うことが、「より対等というか同じ目線で接してもらいたい」です。自分の意見をこの人なら伝えられる、この人なら伝えても大丈夫と思わせてもらえる空間を作り出すことは、腹を割って話すためにはとても大事なことです。そういう関係を作るためには会話をクエスチョンで終えたり、笑うことが大切だということが一番勉強になりました。これまでは熱くなってしまい一方的に伝えることが多かったので、今のよいコミュニケーションを取り続けられるようにしたいと思います。

柘植　はい。皆さんの具体的な変化を聞かせてもらい、本当に嬉しい気持ちになりました。本日はお忙しいところありがとうございました。

一同　ありがとうございました。

エピソード
EPISODE

伝えることは提案するスキル

渡辺なおみ
アスリート道場「BUSHITSU」経営・チームトレーナー
（旭化成陸上部、強豪男子高校バレーボール部）

強豪校や強豪チーム、ベテラン指導者やコーチは練習方法や育成方法、フィジカル強化やリハビリなどについて、たくさんの事例を持っています。そしてこの事例の蓄積はそれぞれの財産だと思います。その財産ですが、選手の話を聞かずに一方的に押し付けたら、素直に聞いてもらえなくても仕方ありません。

誰しもが強くなれる練習や必ず勝てる練習はありませんし、正解はありません。だから蓄積した事例を選手が納得する形に落とし込むことが一番重要だと感じています。そのためには丁寧に選手の話を聞き、こちらが提案することに対しての「納得解」を見つけてもらうことが大切です。本人から「本当はこうしたい」「こうなりたい」という想いが出てきたときに、「こんな事例があってね」という材料を提示し、納得してもらったうえで実行に移れるという流れが求められると思います。伝えることは、言い換えると上手く提案するスキルと言えるかもしれません。そのためには聞くことが必要不可欠で、聞いて提案することを繰り返すことで、お互いの信頼関係が深くなっていくように感じています。

エピソード
EPISODE

何ものにも代えがたい想いを受け取った

堀越郁郎
中学バレーボール部コーチ

少し「聞く」ことに触れておくと、最近は1人15分、1日に4人の選手から1対1で話を聞く時間を作っています。そうすることで選手たちが考えていることや取り組んでいることがわかりました。例えばベンチには入れていない選手で、練習時間以外でフィジカルトレーニングをしているとか。

「伝える」ことの工夫は、自分や日本代表選手の経験、強豪高校バレーの選手の話を例にして話しています。それから五感を使ってもらったりして、選手一人ひとりが自分会議をできるような関わりをしています。

こうした関わりをすることで生まれた変化は、特にベンチに入れない選手たちとの関係です。彼らにすると「どうせ僕のことは見てないでしょ」という気持ちが少なからずあったように思います。それが1対1のコミュニケーションによって「僕も見てもらえる」と選手たちに伝わるようになりました。信頼関係ができてきたのです。大会が終わって解散後、私と監督のところに選手が駆け込んできて「新チームでレギュラーになりましたがバレーが嫌いでした」「今はバレーが大好きです。ありがとうございました」と涙を流しながら深々とお辞儀をされました。何ものにも代えがたい選手の想いをもらいました。

エピソード
EPISODE

怒ることは選手の成長を遠回りさせる

園 吉洋
BEASTランニングアカデミー
メンタルコーチ

中学3年生の長距離選手は、家に帰るとお父さんに「あれがダメだ」「ここがダメだ」などと怒られていたそうです。そして選手は徐々に走れなくなり、練習ができなくなっていきました。暗い表情でいたために私が何かあったか尋ねましたが、選手は自宅での出来事を一切話しませんでした。そのときにチームのコーチかつ学校の先生が、お父さんとの出来事を話してくれたのです。

「直接話をしたらバチバチになるかもしれない」と考えた私はSNSを使ってお父さんにコンタクトをしました。記したのは、「中学生が掛けられたい言葉100選」に加え「悪影響ができる声掛け集」でした。「体調悪いのにがんばっているね」「できているよ！」などよい声掛けをすると選手は安心し、よい効果がでますよと伝えたのです。それから1ヶ月ほどすると、選手がよい走りをするようになってきました。すかさず「最近どうしたの？」と聞きましたが、「いえとくに」と言いますが、明らかに表情が明るくなっています。先ほどの先生によると、お父さんがこの選手を怒らなくなり、選手は県大会の出場を決めたのです。

競技会場で選手を怒る指導者がいます。選手に愛情を持っているからこその叱咤でしょうが、指導者の価値観は一旦脇に置いて、横の関係で関わるなど、選手へのリスペクトを忘れないでもらいたいと感じることがあります。

エピソード
EPISODE

自分スタートから選手スタートに変わった関係性

中学教員
女子ソフトボール部監督
佐久田翔太

以前は「なんで伝わらないのだろう」「俺言ったのに」と感じて怒ることが多かったように思います。例えば「ちゃんと勉強はしろよ」と言ってもやってこなかったりとか。それが最近は「バッティングがおかしいんですよ」と聞かれると「もうちょっと教えて」「どこがどんな風におかしく感じるの？」と尋ねるようにしています。今までの発言は自分スタートであり、選手には響かなかったように感じます。それが、選手たちが自分の言葉で話す選手スタートにすることで、関係性がずいぶん変わりましたし、選手たちの練習への取り組みにも大きな変化が生まれました。また以前は「自分たちで考えろ」と突き放していたこともありましたが、今は選手に寄り添い、考えるためのヒントを与えるようにしています。

それから僕の雰囲気がよくなったかもしれません。以前はイライラすることが多かったのですが、最近はゆとりができたというか。グラウンドを歩いていると選手たちが聞いてくれるようになっています。笑顔も増えましたし、選手から話しかけてくることを待てるようにもなりました。

伝えることを話してくれと言われましたが、やはり聞く力を持てたことがとても大きいと感じています。

Tips

3つの目線を持つ

自分本位になりすぎない関わり方ができる

選手とのコミュニケーションにおいて活用していただきたい「3つの目線について 紹介します。

3つの目線とは、①自分目線、②相手目線、③全体目線です。①自分目線とは、「自分自身が感じていること」や「自分が考えていること」で、基本的には多くの方がこの目線でコミュニケーションをされているでしょう。もちろん自分目線で伝えることは当然あって

選手と関わるときの3つの目線

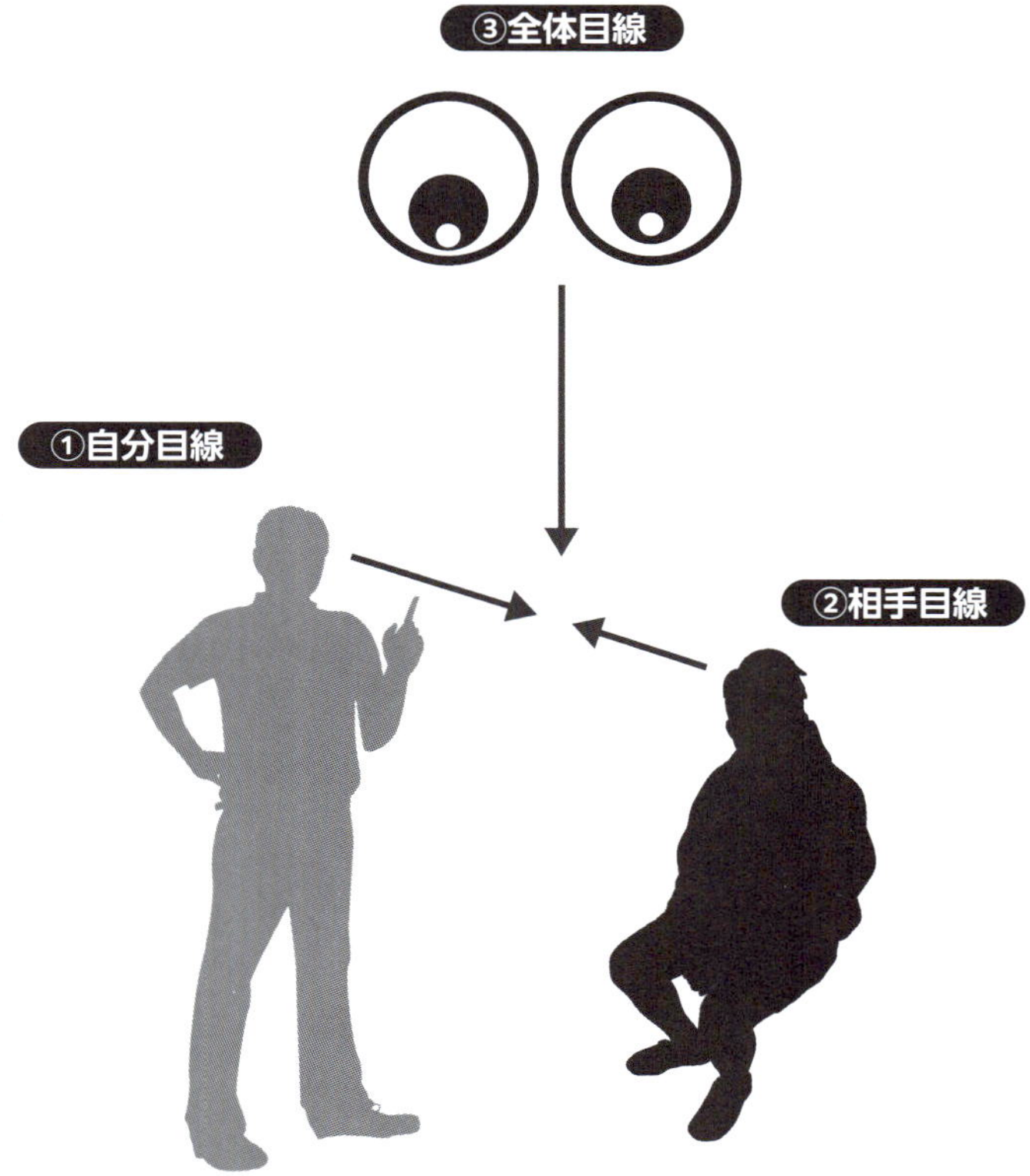

よいことですが、自分目線だけでは見えなかったり、感じられないことがあることも踏まえておきましょう。

続いて②相手目線ですが、選手など相手が「何を見ているのか」「何を感じているのか」をイメージしたいときに活用できる目線です。「どのタイミングであれば心地よく話せそうか？」「このように伝えたらどんな受け取り方をするだろう」というようなときに活用できます。

相手目線というのは、「相手の興味に興味を持つ」という立ち位置です。多くの指導者は相手に興味を持った関わりをしていることが多いと思いますが、相手に興味を持つ関わり方をすると、どうしても相手を評価・判断・分析したくなります。それに対して相手の興味に興味が持てると、自然と「相手と同じ世界を見てみよう」「選手に寄り添って歩みを進めよう」といった気持ちが生まれやすくなります。

最後の③全体目線ですが、一言でいうと全体を俯瞰して見ることです。ここで大事なことは、自分という存在も俯瞰して見ること。そうすることで選手との関係性や信頼関係なども客観的に見ることができ、「まずは信頼関係を築いたほうがよい段階だな」などの判断ができます。自分目線だけでなく相手目線にまで立てる指導者の方はいらっしゃいます。けれども**俯瞰して見るときに、そこに自分を含めて見ることができる指導者は少ないようです。**

こうした目線があることを知っているだけでも選手との関わりが変わります。私自身、選手とコミュニケーションを取る場合には、相手の興味に関心を持つ自分と、自分も含めて全体を見渡している自分がいることがあります。

このように目線を変えることで、自分本位になりすぎないコミュニケーションを取ることができるようになります。

Tips

選手の伸びしろの要素

伸びしろのに気づくための2つの指標

これまで磨いてきた伝え方ですが、それぞれのレベルを実践していただけたら、確実にコミュニケーションに変化が生まれると思います。

そして「聞く」と「伝える」をさらに選手の成長につなげるために、ここではスポーツメンタルコーチングでの選手の伸びしろの考え方や、どこに着目すればよいのかについて紹介します。

図1　選手の伸びしろを探す

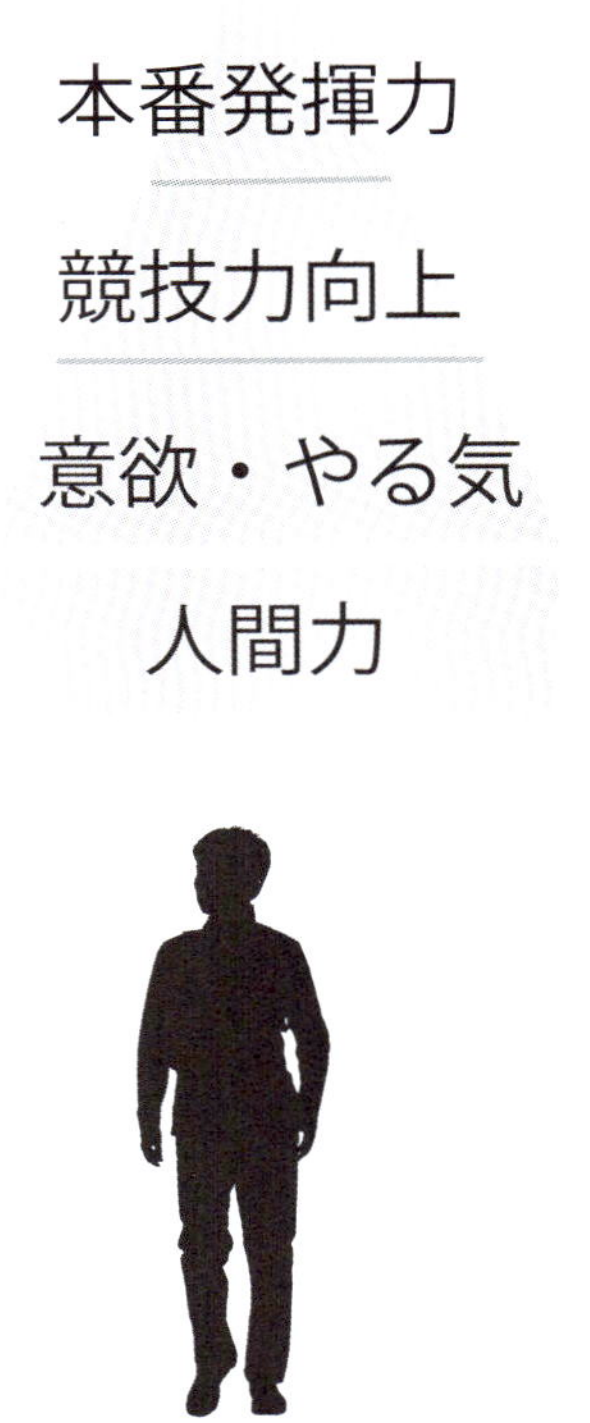

図1は選手一人ひとりの伸びしろを示したものです。選手の伸びしろを本番発揮力、競技力向上、意欲・やる気、人間力の4つに分けています。本番発揮力とは、試合で自分の競技力を余すことなく発揮できる力のことです。次の競技力向上は、9つの要素で構成されています。それが①メンタル、②体、③技、④戦術、⑤マテリア

図2 チームの全体図から伸びしろを探す

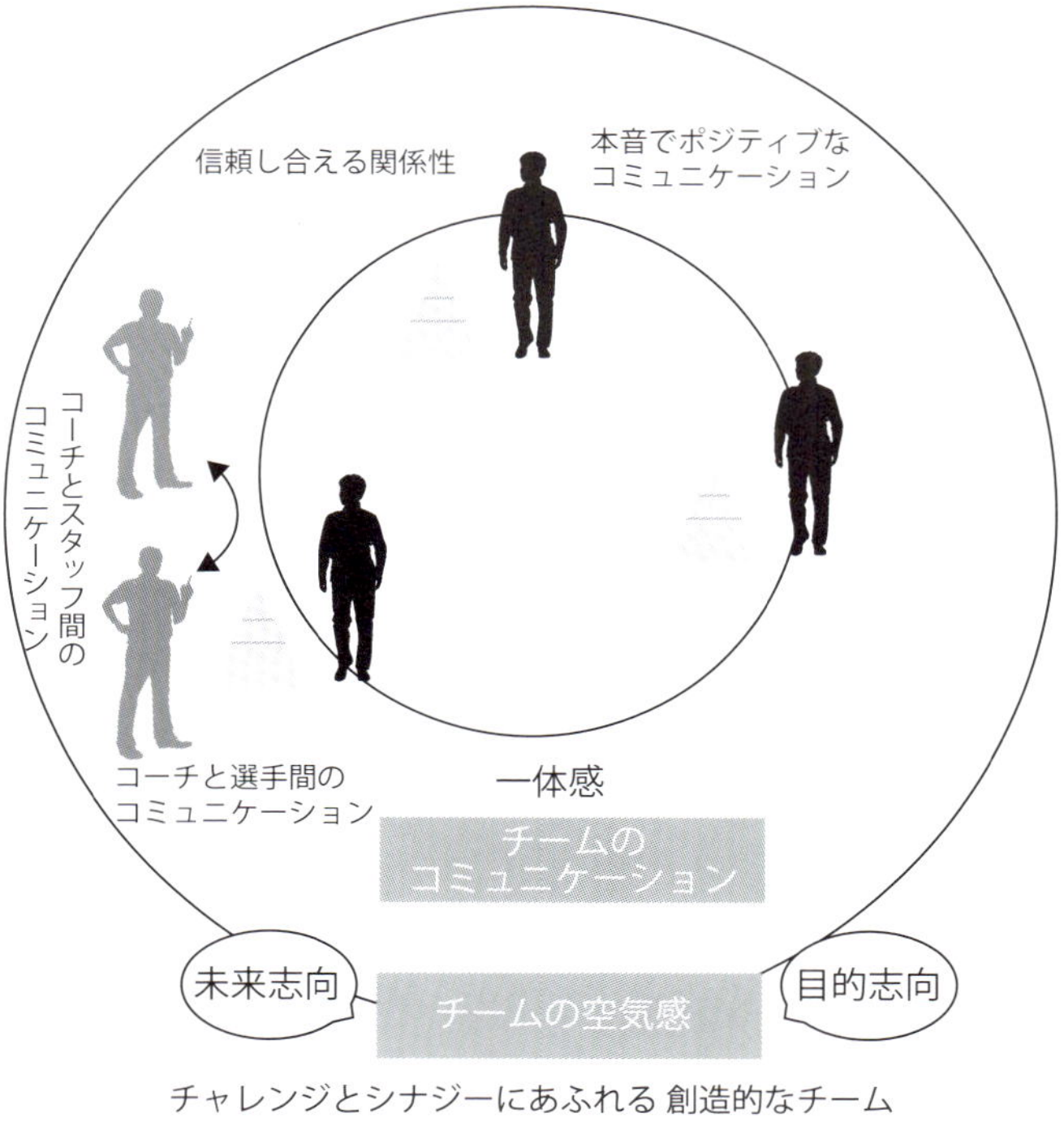

ル、⑥コミュニケーション、⑦環境、⑧プランニング、⑨行動パターンです。こうした競技力を上げる要素について聞いたり、伝えたり、一緒に考えることも非常に有効です。

⑧と⑨は聞きなれない方もいるでしょうから、少し補足します。⑧プランニングは大会（試合）までの時間軸で、どのタイミングで何をすればよいのかを整理することです。

⑨の行動パターンはエピソードを交えて紹介します。以前コーチングをしたある選手は、ケガを繰り返すことが悩みでした。そこでケガをした後の行動を聞くことにしました。そのやり取りのなかで、

選手にケガの程度を、1（ケガがひどい状態）から10（治った状態）でスケーリングしてもらいました。選手の程度は9で、ほぼ治っているものの無理をすると再発してしまう状態です。

　そこで選手は気づいたようで「どこまで回復しているのかを知るために、健康なときと同じ負荷をかけてしまいます」と話してくれました。まだ回復していなければ、無理に動かせば再発する想像はつくだろうと思う方もいるでしょうが、彼は無意識にこの行動パターンを繰り返していたのです。彼に「他に回復方法を計る方法はないかな？」と尋ねると、足首のケガに対して①意図的に前後に動かす、②意図的に左右に動かす、③無意識で前後左右に動かすという順で回復度合いを確認する案が出てきました。本人が無意識にしていた行動（行動パターン）を振り返り、具体化することで解決策が導き出せたのです。

　この例のように無意識に行っていることを具体化し、改善できるポイントが探したりすることが行動パターンになります。「意欲」・「やる気」は68ページで扱いましたので、ここでは割愛します。

　人間力は競技以外の部分も含めた人としての在り方を意味します。スポーツメンタルコーチングでは、これらの伸びしろの要素に限らずコミュニケーションを通して個の課題やニーズを探し、扱う要素を決めていきます。

　また図2は、指導者も含めたチームの関係性を表しています。図1と図2に含まれる要素には、どんな選手であっても必ずと言ってよいほど、何かしらの伸びしろが存在するはずですので、選手と関わる際の参考にしてみてください。

Tips

本番で力を発揮するために行いたいこと

効果的な準備と声がけ

本番での声かけは、指導者の皆さんにとって大きな悩みの1つではないでしょうか。試合時に個々の選手の傾向がわかっていれば、より効果的な準備や声がけが可能となります。本番で力を発揮するためにも、普段から選手の様子をよく観察しておきましょう。

また指導者自身がよい状態いることも大切です。指導者の焦りや緊張は選手たちに伝わりやすいため、自分自身の状態の確認も忘れず行いましょう。

まず試合までの準備ですが、「心の状態をよい状態に整えておくこと」。これは日頃から意識し、何かあってもすぐに整えられる習慣を普段からつけておきたいことです。

また、選手に対して「メンタルが強いな」「弱いな」で分けるのではなく、「緊張しても大丈夫」と思える日頃の準備が大切です。「緊張したときにどのように切り替えるのか」「何をするとよいのか」「想定外のことが起きたらどうするのか」といったことを、それぞれが

図1 試合前にできること

①技術、戦術の確認

②身体の感覚、五感、意識の確認

③あり方、大事にしたいことの確認

用意しておけると理想的です。各自の決めごとを全体で共有しておけると、声をかけやすくなります。

試合が近づくと不安が大きくなるのは当たり前です。チーム全体の空気感を誰が作れるのか。このことについて、あらかじめ協力者に声をかけておくとよいでしょう。また選手たちが「不安はない」と無理をして自分に言い聞かせているようであれば、不安を口に出したり、選手同士で話をしたり、書き出したりしたほうがスッキリすることも多くあります。

さて試合当日ですが、**優先順位が図1のピラミッド状になっていれば、「試合に臨む準備ができている」と言えます。**ところが大きなプレッシャーがかかる試合では細かなことばかりが気になり、安定感のない逆のピラミッド状態になることがあります。試合に入る前に確認できるとよいでしょう。

また、浮ついているのか、焦っているのか、沈んでいるのか、慌てているのか、などを観察しながら、普段のよい状態がどのようなな状態であるのかを選手に気づかせることも大切です。選手が自分の状態に気づけていれば、準備してきた対処法をそれぞれが実践しやすくなるでしょう。また、かけて欲しい言葉が分かっていると一人ひとりの選手への対応ができます。

最後に試合後です。試合後の振り返りはとても大切です。勝負の結果だけでなく準備から振り返るようにし、よかったところはしっかりと洗い出して次にもつなげましょう。とかくダメなところばかりが浮かんできますが、よかったことの再現性は高めておきたいものです。「試合直前や試合中のどの

図2　本番に強くなるための3つのポイント

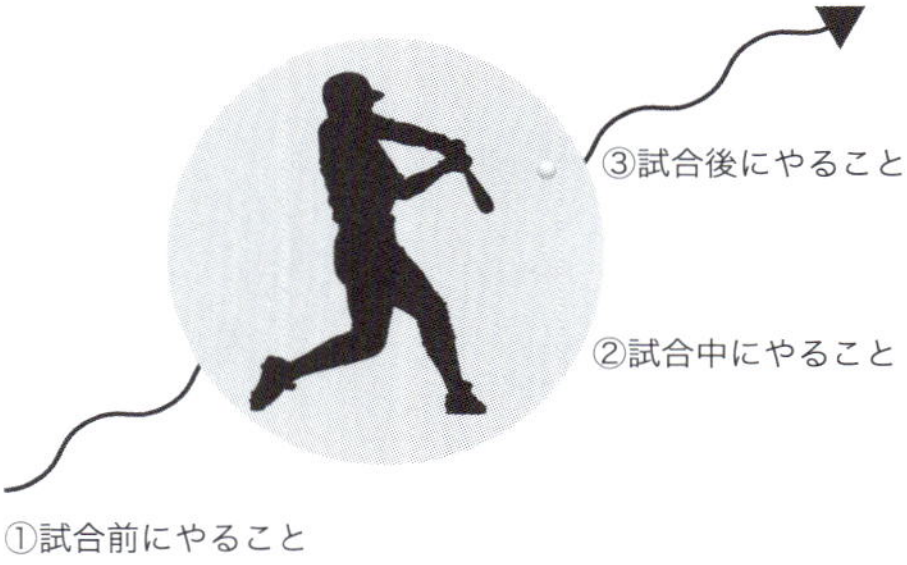

取り組みがよかったのか」「もっとよくするためには何ができるだろう？」「もう一度同じ試合をするとしたら、さらにどんなことができるだろうか？」などを振り返ります。また試合中の心の変化も図3のように、試合全体の流れのなかで見える化しておくと、それぞれの傾向がつかみやすくなります。

「今回の経験を踏まえてどのような工夫をすればよいのか」「よりよい調整をして試合を迎えるためにはどうすればよいのか」などを、試合後の記憶が鮮明なときに書き出しておくことで、試合の経験を次につなげることができ、さらなる本番発揮力を出すことができるようになります。

図3 試合の振り返りシート

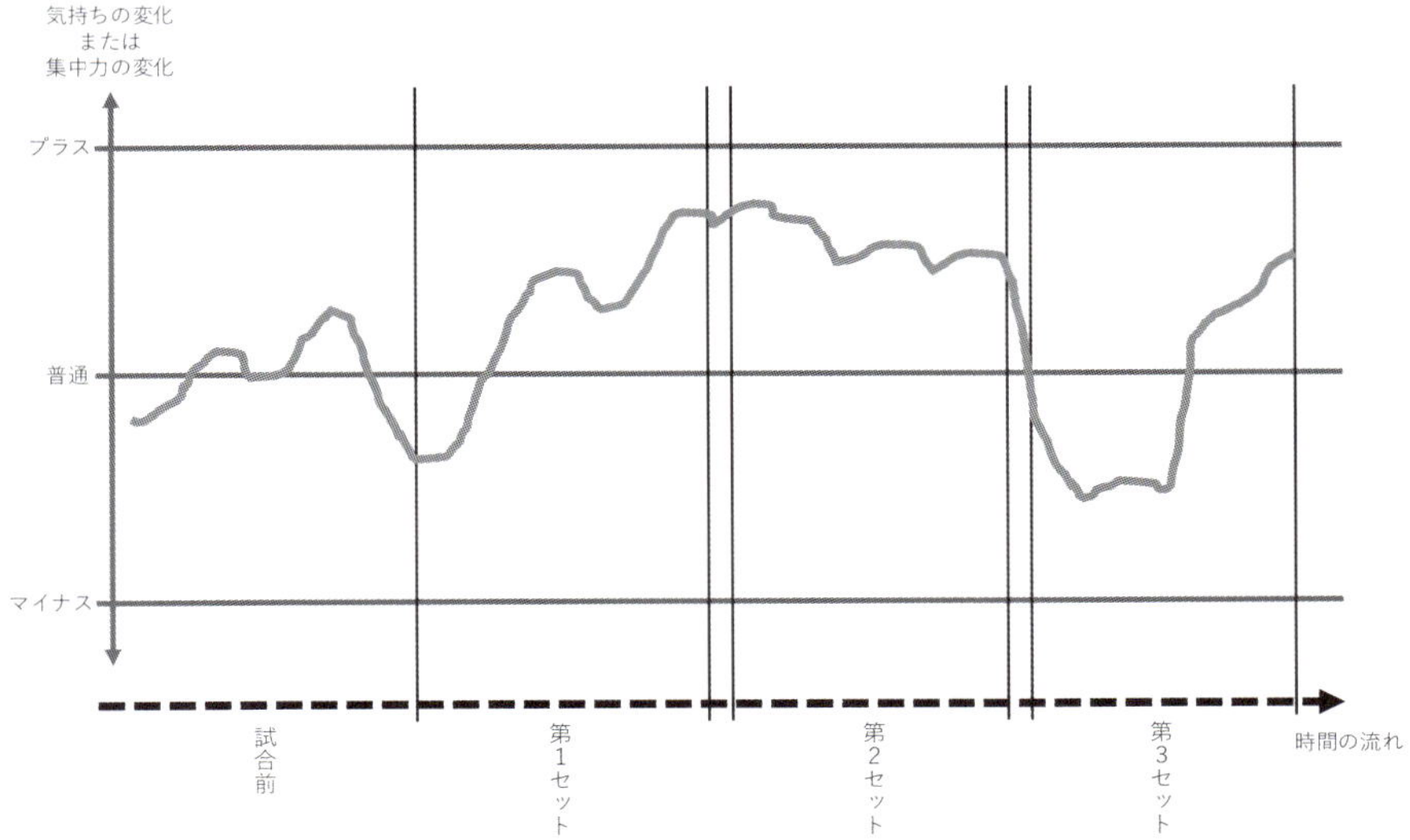

時間の流れに伴う気持ちの変化を振り返り、自分でコントロールできるもの、仲間とコントロールできるものを着実に増やしていく

Tips

質の高い自分会議を手伝う

何か手伝えることある？

質の高いコミュニケーションが増え、双方が高いレベルで関われるようになってくると、105ページの図のように、**指導者は選手にティーチング（教え込む）メインの立場から、コーチング（引き出す）メインの立場**になっていきます。すると指導者の考えを選手が受け取って答えを見つけるという成長の仕方から、指導者のちょっとしたヒントを元に選手自身が考えることが増え、選手自らが答

図1　聞く伝える引き出すのつながり

「聞く」で現状把握

＋

考えやアドバイスを「伝える」

▼

選手のパフォーマンスを高め
結果が出せる環境になる

▼

「引き出す」ことで選手の
成長をさらに加速させる

えを見つけていくようになります。

こうした選手との関わり方を、**「(選手の内にあるものを)引き出す」**と表現しますが、ここでは引き出す関わり方について解説しておきます。

引き出すことで得られる効果は、「本番で自分の力を最大限に発揮できるようになる」「モチベーションがアップする」「毎日の練習の質が向上する」「さまざまなアイデアが浮かぶ」「考えや気持ちが整理できる」などが挙げられます。また一度このような考え方ができるようになると、競技生活を離れた後、一人の人間としての成長にも役立てることができます。

引き出すのキーワードはこれまでにも述べてきた「自分会議」であり、これは選手による自分(選手自身)との対話によって生まれます。しかし選手が自分の力だけで自分の内側にあるものを見つけることは難しく、そこで指導者の出番となります。指導者が関わることでより素敵な発見ができる可能性が高まります。以前にある指導者が選手に言った一言で印象深かったのは「最近調子いいな。周りがよく見えている。これからどんなことを目指したい? いつでも手伝うから言ってね」です。「**手伝う**」という言葉のチョイスが素晴らしく、これはぜひ、多くの方も活用していただきたいなと思いました。

さて自分会議を促進される関わり方ですが、「上質な刺激」をプラスすると効果的です。射撃の選手から受けた相談を例に記します。

その選手は「使用している銃をブライカーにしようと思うのですが……」。ブライカーとはスイスの銃器メーカーで、私は初めて聞く単語でしたが、「そうなのですね。どうしてブライカーに変えたいと考えたのですか? 変えるとどのようなことが起きるのでしょうか?」と尋ねました。すると「すでに使っている選手からよい銃だと聞き、自分の成長につながるかもしれないと思ったからです」との答え。「変えることのメリットと、変えないことのメリットは何でしょう

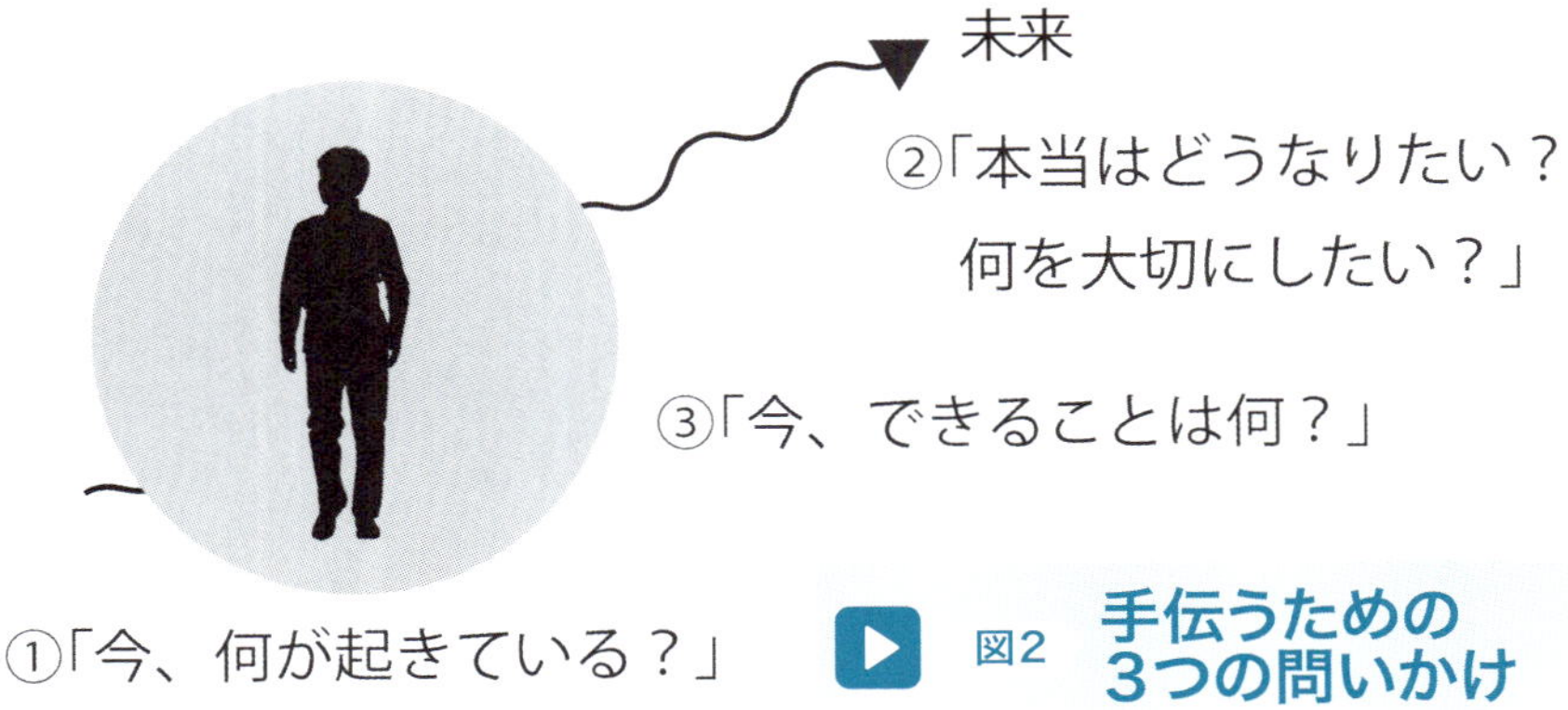
未来
②「本当はどうなりたい？
何を大切にしたい？」
③「今、できることは何？」
①「今、何が起きている？」

図2 **手伝うための3つの問いかけ**

か？」と尋ねると「変えるメリットは、自分に合ったらより正確な射撃ができます。逆に変えない場合は慣れた銃を使って今後も精度を上げることに集中できます」。その後目指しているパフォーマンスや身体感覚、いつか現役する引退をイメージしてブライカーに変えた選手生活と変えなかった選手生活をイメージしてもらいました。

そうした後、この選手はブライカーに変える選択をしました。私は「ではいつ頃変えるのがいいでしょうか？」と尋ね、選手は「今度世界選手権がありますので、それが関係しますね」「慣れるまでに時間がかかるかもしれません。パフォーマンスが大きく崩れるのは避けたいので、大会後ですね。するとまだ大会まで時間がかかるので、銃を変えることで悩むよりも練習に集中したほうがいいですね」とすっきりとした表情で語りました。

　このように自分なりの考えが整理できれば、より具体的な話ができるようになります。先ほどの例では、私は一つの課題に対して選手が納得のいく答えを発見するお手伝いをしたに過ぎません。シンプルに言うと、3つの問いかけを使った関わりになります（図2）。

　選手の悩みを**抽象的なものから具体的なものにする**だけでも、問題の解決につながります。具体的にしても自分ではどうしようもないのであれば、「それは誰かに手伝ってもらえないでしょうか？」と対応することで、次のステップにつながります。

また我々が手伝いながら、選手のなかにある選択肢をテーブルに載せることができます。そうした関わりができたら、**最終的に何を選択するのかは選手本人が決めることです。**「選手の人生は選手本人が決めること」ということを大事にしながらコミュニケーションを取っていきましょう。

Tips

課題を俯瞰して見る

第三者の視点で現状を見る

「気になるテーマがあって練習に集中できない」「やることが多くて焦ってしまう」といった状況では、なかなか練習の効果が上がらず、試合での結果にもつながりにくくなります。そうした場合に有効な手法が「俯瞰」です。

俯瞰することで当事者は、**第三者の目線で物事や現状を見る**ことができます。その結果いろいろなアイデアや意見に気づけたり、よりよいタイミングを見つけることができたり、冷静な判断を下すことができるようになります。

方法としては、まずは頭の中にあるものをホワイトボードや付箋に書き出します。そうすることで現状をしっかりと把握し、主観的な感情を受け入れて味わいます。こうして頭の中のことを書き出して、床や机の上に配置し、大きく深呼吸をして意識を切り替えます。そして登場人物や頭の中にあることを上から眺め、アイデアを考えてみます。

より広い視野を意識することがポイントです。例えば各ポジションの人間関係を検討するために俯瞰するとします。その場合はイスを人に見立てて配置し、見える化してからそれぞれの立場の感情を味わうように俯瞰します。そうすることで普段は思いつかないようなアイデアが湧いてきます。これまでも述べたように、指導者自身を登場人物に含めます。そして選手を対象に行うだけでなく、指導者軸を確認するためにも実施してみましょう。

やり方

①課題に関係する人物の名前や道具、施設などをホワイトボードや付箋に書き出す
②書き出した内容を自分との距離感を考慮してスペースに置く（ここでは人形を使用）
③大きく深呼吸をするなどで意識を切り替え、置いた人形や付箋を上から見る
④課題の解決につながるアイデアを考える

例 結果が出せるように、集中した練習環境を作りたい

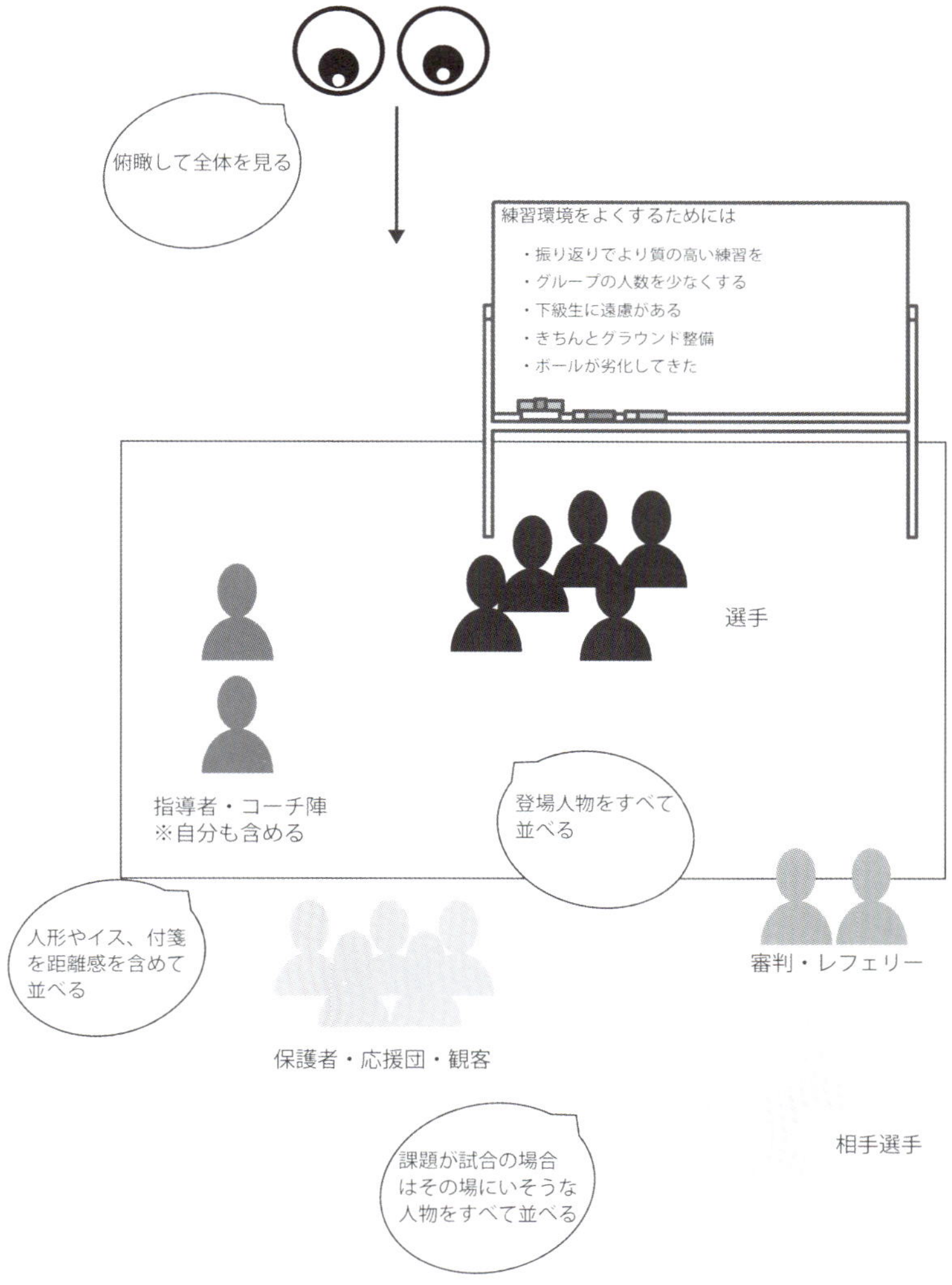

Tips 理詰めで追い込まない

選手と同じ世界を見て味わう

選手に寄り添ってさまざまな「聞き方」や「伝え方」ができるようになると、選手も今まで以上に言葉を発し、いろいろなことに答えてくれるようになります。しかしここで気をつけたいことが、選手が今までよりも言葉を発してくれることで、「もっと深い答えに期待をする」→「何度か質問を繰り返す」→「いつの間にか選手をコーナーに追い詰めるような詰問になってしまう」という流れになっていないかです。

こうなると選手は萎縮してしまい、せっかく築いた信頼関係も揺らいでしまいます。**選手と同じ世界を観て味わうためには、選手の状態やエネルギー感などを「感じて察する＝感察」を意識します。**選手と同じ目線に立てるように同じ側に回り（左の側の右側のイラスト）、同じ世界を見ながら話を聞いてみましょう。こうすることで、選手たちに対する理解がより深まるでしょう。また普段の関わりでも歩きながら話したり、ベンチに横並びで座りながら話を聞いたりすることもできます。そうすることで、きっとこれまで以上の話しやすさや聞きやすさを感じられているのではないでしょうか。

コミュニケーションのレベルが上がったら、相手にとって心地よく話せる指導者として、「自分の空気感」や「エネルギー感」がどのようなものかを意識し、心地よく話せるあり方にもこだわってみましょう。なおプラスのチャレンジとして試していただきたいことは、「自分の色をつけずにできるだけ透明になり、相手の色を感じてみる」ことです。

理詰めで追い込まない

具体的に詳しく聞くときは
コーナーに追い詰める質問にならないように

もう少し具体的に教えて
①今何が起きているの？
②本当はどうなりたいの？
③自分にできることは？

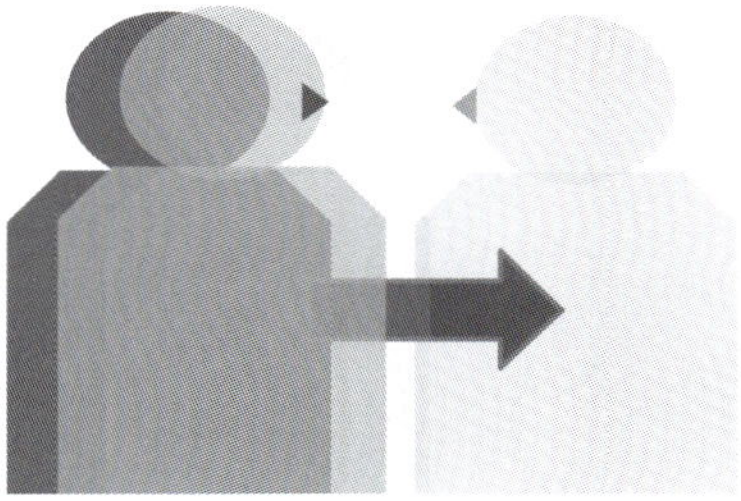

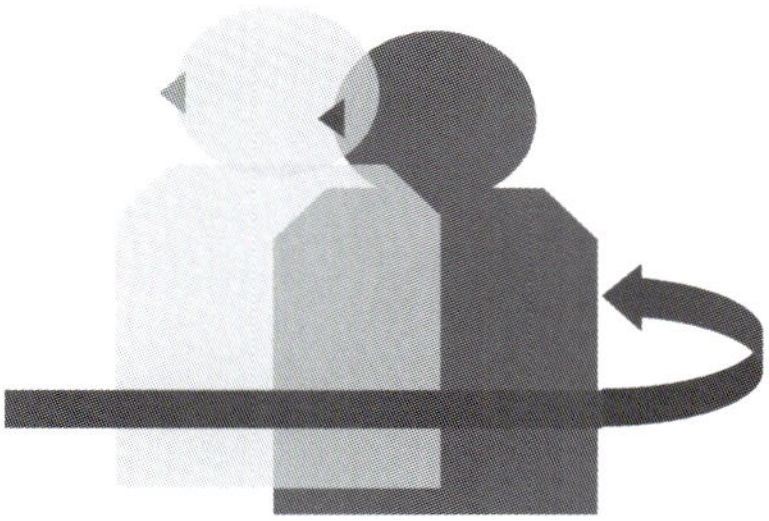

△ 質問でコーナーに追い詰める

◎ コーナーに回り込み同じ世界を見て味わって聞いてみる

共感的に聞く「観察ではなく感察（感じて察する）」

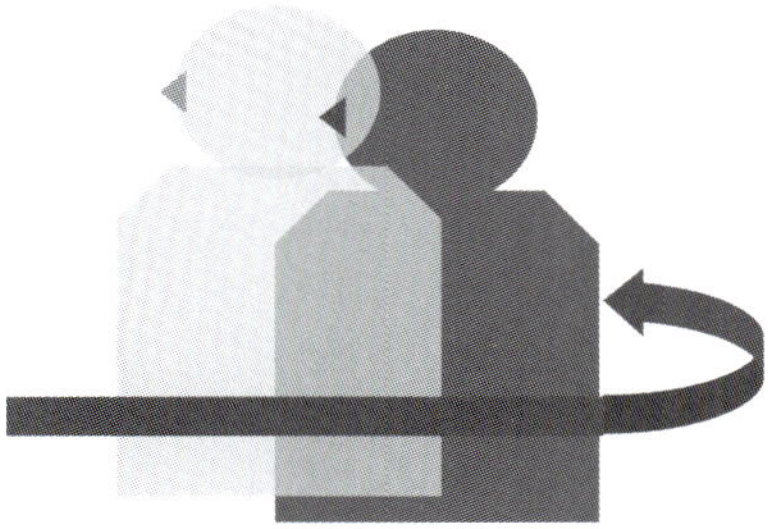

「どんな質問をするか」よりも「どんな空気感・エネルギー感・どんな質感で存在するか」のほうが、はるかに重要

相手にとって心地よい安心安全なあり方とはなにかを意識する

エピソード
EPISODE

選手たちが納得感を持った練習に変わっていった

渡邉祥雄
御殿場南高校
男子バレー部 元監督

これまでは、限られた時間で選手全員を同じ方向に向かわせるためにトップダウンの指導をしていました。練習中はすぐにプレーを止めて指摘。選手たちは常にこちらの顔色を伺っていたと思います。

スポーツメンタルコーチのサポートを受けてまず取り組んだことは、選手と1対1で話す機会を多くしたことです。選手の様子が普段と違うとその都度選手から話を聞きました。最初は本音を言ってくれませんでしたが、寄り添いながら根気強く話を聞いていると、少しずつ本音で話をしてくれるようになったのです。

また練習中はすぐに指摘するのではなく、ひと呼吸入れて見守ることを心がけました。選手たちは自分たちで考え、プレーを修正することができるようになり、こちらの顔色を見なくなったのです。さらに選手同士で考えを伝え合うようになり、自分たちで考えた戦術を提案してくれるようにもなりました。

練習後は、その日の練習はどうだったか、次の練習ではどうしたいのかを、振り返りによって言語化します。これが習慣になってからは自分たちで立てた目標に臨む「納得感を持った練習」に変わりました。試合でも選手一人ひとりが役割を果たし、どの選手がコートに立っても実力に差がないチームになったのです。新人戦では東海地区選抜大会ベスト8というチーム史上最高の成果を残すことができました。

PART

4

聞く＋伝えるを広げる

―選手間、コーチ陣、保護者―

聞く＋伝えるをさらに広げる

取り巻く環境でのコミュニケーション

これまで磨いてきた「聞く」「伝える」というコミュニケーションの仕方ですが、これは選手とのやり取りだけでなく選手間（選手同士）やスタッフ間、保護者の方々とのやり取りにも大きな変化をもたらしてくれます。

チーム内には**パワーバランスが存在**しますが、少し工夫をすることでさらに選手たちの本当の想いや考えを引き出すことができます。

このパートで紹介する内容

選手間のコミュニケーションでできる工夫

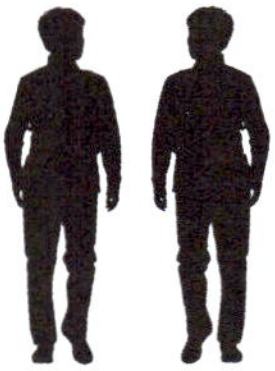

- グランドルールを作る
- 言葉使いや使う言葉
- 本音でポジティブな空気感
- 文化を作る

など

スタッフ間のコミュニケーションのポイント

- 目指しているものが共有できているか
- 本音が言えている関係性になっているか
- 自分を含めた関係性を俯瞰できているか
- 現状と理想が把握できているか

など

保護者とのコミュニケーションのポイント

- 取り組んでいきたいことを伝える
- 成長の最大化のために必要なこと
- 現状を聞いて把握する
- 共通言語や共有ゾーンの伝達と確認

など

例えば「プレーに対する要望を話してみよう」というミーティングのテーマを提案したとします。ところがテクニックや戦術の実践度、戦術理解が高い選手に対して、そうではない選手が意見を言うことは難しいでしょう。また学年が異なる選手間であれば、上級生に対して遠慮が生まれやすくなります。

こうしたシチュエーションでは指導者に、選手たちがよりフラットに話せるような工夫が求められます。**その工夫が「グランドルールを作る」「言葉使いや使う言葉」「聞き合う」「本音でポジティブな空気感」「文化を作る」などになります。**

スタッフ間でもパワーバランスがありますし、「目指しているものが共有できているか」「本音が言えている関係性になっているか」といったことも重要になります。

皆さんが先輩スタッフや経営者であれば、皆さんの提案ややり方を変えることでこうしたことの変化をもたらすことは難しくないかもしれません。

一方で皆さんが後輩スタッフの場合には、提案をするだけでもかなりの労力が必要になる場合があります。そうした際の解決につながるヒントを紹介したいと思います。

最後の保護者の方々との関わりですが、106ページから紹介したJリーグのコーチたちのエピソードでも出てきたように、指導者に対する選手の顔や態度と保護者に対する選手の顔や態度には違いがあるケースも少なくありません。また保護者の方々に、チームの目指す方向や育成方針を知っていただく必要もあります。このパートでは、皆さんを取り巻く環境でのコミュニケーション術を紹介したいと思います。

あたり前を見直してみる

本音でポジティブな時間が作れているのか

あるチームのミーティングに参加した時のことです。一人の選手の発言に対して、茶化したり、笑いに変えようとする周りの選手がいました。これはとても**もったいない典型的な例**です。

こうした周りの行動や言動が出てしまうと、お互いを高め合うことにはつながりにくくなってしまいます。一方で同世代の別のチームでは、発言した内容の質が高く、

あたり前を見直す

見直したいポイント

- 本音でポジティブに話せている
- 楽しく真剣モードになれる
- 安心安全の場が作れている
- 具体で話せている

こんなことない？

- 人の話を茶化す
- 笑いや冷やかしを入れる
- うわついている

周りの選手たちも前向きに意見を出し合っていました。両者を比べるとミーティングの時間だけでも大きな差が生まれてしまいます。

茶化すことはなくても、「振り返りやミーティングでいつも決まった人しか発言しない」「ミーティングの場になると笑顔が消え、固く静まり返っている」「時間が過ぎるのを無難に待っているだけ」などの状態であるとしたら、**ミーティングの流れを見直し、誰しもが発言しやすい場作りが必要**になります。本音でポジティブな時間を作るためには、指導者がファシリテーション的な関わりをする必要があるかも知れません。また練習の場において「もっと声を出せ」「声が出てないよ」という言葉をよく耳にします。こうした言葉を受けて選手たちは一時的に声が大きくなります。けれども言葉が続かず、いつの間にか声が出なくなっていくものです。選手たちに何が起きているのかを聞いてみると、「どのような声（言葉）を出してよいのか分からない」「自分のことで精一杯になると声出しを忘れてしまう」などの答えが返ってくることが多くあります。具体的な動きの指示を口にする場合は、選手のパフォーマンスにダイレクトに影響することがあります。そう考えると気軽には声を出せませんし、戦術の理解度や技術レベルの差が低い選手の場合には遠慮が生まれるでしょう。

もしも選手同士で**「どんな声出しをされたらよいプレーにつながる？」**といった話をする機会が作れたとしたら「名前を言ってもらえるだけで気持ちも入る」「鼓舞して欲しい」「できていないプレーも遠慮なく言って欲しい」など、お互いに要望が出てきやすくなります。選手たちは声を出すことに対して「どう思われるか」「間違ったことを言ってしまわないか」などと気にせずに、大きな声を出せるでしょう。ここでも**「言葉を具体的かつ明確にする」**ことが大事になってきます。まずは「もったいない」と感じるルーティンを見直してみましょう。

発言しやすい環境整備をする

私が立ち会ってきた多くの場では、当初「もっと選手の力を発揮できるはずなのに……」というもったいないことが起きていると思うことも少なくありません。そうしたチームや指導者の方と関わるなかで私が大事にしていることは、**チャレンジとシナジーにあふれた創造的なチーム**です。他の言い方をすると「一人の選手のチャレンジが他の選手のチャレンジを誘発

選手たちにどのような違いが生まれるかを考えてもらう

茶化しが入る	⟷	笑顔で見守る
無反応	⟷	拍手する
同じ選手が話す	⟷	いろいろな選手が話す
ダメ出しをする	⟷	提案をしてくれる
自分と同じ考え方	⟷	自分とは違う考え方
コーチが気になる	⟷	人の目を気にしない

①この例のように「人前で話すときに気になること」をあげてもらう
②どうしたらより話しやすいかを出していく
③よりよい要素をピックアップして自分たちのルールを作る
※全部でなくてよいので、少しずつ取り入れる

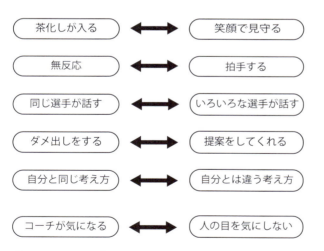

する」「誰かがアイデアを出したら、そのアイデアをもとにしてさらに素敵なアイデアが生み出される」ことになります。そこで提案したいことは**「グランドルールを作る」**ことです。

グランドルールとは、「会議やミーティングを意義のある場とするために、あらかじめ定めておくルール」のことです。

このルールとして提案したいことは、まずは選手たちに「みんな違っていい」という大前提を伝えることです。そして誰かの発言に対しては拍手で答えます。この拍手ですが理想としては、「発言してくれてありがとう」という気持ちを込める拍手になります。

先ほどの話ではありませんが、拍手にも茶化しが入ることがあります。そうではなく感謝の気持ちを込めることで、発言した選手はパワフルな反応を受け取ることができ、「発言してよかった」と感じてくれることでしょう。そうした空気感ができていけば、さらに素敵なことが起こる発言が増えていきます。

それから「正解を答える必要はない」「正解でなくていい」というルールも効果的です。「正しいことを言わないといけない」という空気感では、自主的に発言しようとは思えないでしょう。それに何が正解なのかはやってみなければわからないこともありますし、「ちょっと違うんじゃないか？」と感じたことでも、その発言を元にさらにブラッシュアップされたよいものが生まれる可能性の卵かもしれません。まさに**「みんな違っていい」**です。

皆さんもご自身のチームで日々のミーティングや振り返りを行うなかで「こうしないといけない」ではなく、選手たちとよい時間を共有できるように、少しずつよいものに変えていくチャレンジをしてみてください。

質の高い振り返りの仕方

話す内容をできるだけ具体化する

練習や試合後のミーティングで気づいたことや今後に活かせることを共有しているチームも多いと思います。しかしその場面で起きがちなことは、練習が終わって指導者が総括をし、「誰かほかにないか？」と尋ねても発言する選手がおらず、仕方なくキャプテンを指名して終わるといった光景です。ここにもひと工夫を入れることで、よりよいものが生まれます。

例えば時間を決めて2人1組で振り返ってもらい、ランダムに指定したグループにその内容を話してもらいます。さらに普段はあまり発言しないほうの選手を指名して発表してもらうやり方もあります。ペア分けにしても仲のよい選手同士ばかりで行うのではなく、意図的に上級生と下級生を組ませたり、活発な選手とおとなしい選手といった工夫ができます。

さらに工夫ができることは**話す内容の具体化**です。ある剣道部でも、練習後の振り返りを行っていますす。練習前後に選手同士で話すのですが、選手たちのコメントを聞いていると「しっかり見ておいてください」「もっと集中したほうがいい」など抽象的な言葉が多く聞かれました。これが「足の運びを見てください」「間合いと入り方を見てください」など具体的になると、見るほうもフォーカスして見ることができます。そして**フィードバックする内容もより具体的にできる**でしょう。なかなか具体的な例が出てこなければ、パート2の聞くのように場面を特定したり、身体感覚やモチベーション、技術といった要素に絞るなど、指導者がファシリテーターとして少し手助けをしてあげるとよいでしょう。

具体的なミーティング内容の例をもう1つ紹介します。ラグビー部の監督から「練習の質を高めたい」と依頼いただき、3人1組での振り返りを提案しました。練習後にグラウンドの端から端まで歩きながら、「その日の練習は10点満点で何点だったか」を話します。そして「その点数をつけた理由（できなかったことではなく、できていた部分にフォーカス）」、「何が変わっていたらプラス1点だったのか」と進み、最後は次の練習までに何をするかを宣言して終わるのです。そして宣言を聞いた他の選手は拍手で終わる、1人の持ち時間は1分というグランドルールも設定しました。ここで大事なことは、聞いている選手たちが感想を述べないことです。宣言後に実行したことも確認しません。選手たちがその日の練習を整理して客観的に捉えることができると「次の練習ではこれをやろう！」と、発想が未来につながります。そしてその発想が成功体験につながれば、より大きな成長につながっていきます。

▶ 質の高い振り返りの例

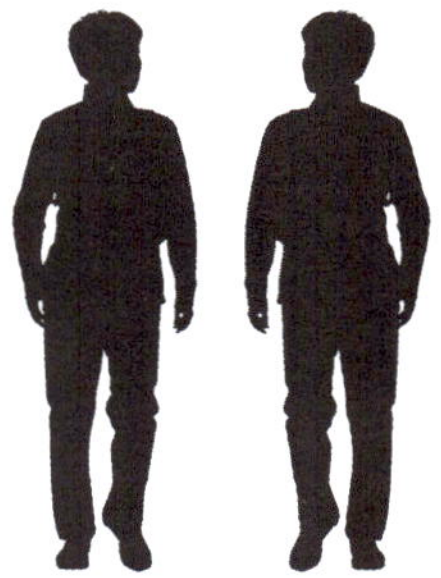

①試合を振り返り「よかったこと」「できたこと」を付箋に書き出す
　→理由も書き出す
②1人1枚付箋を選び「何がよかったのか」「どうしてよかったのか」を発言する
③発言した人に全員が「いいね」と言いながら拍手をする
　→必要に応じて質問をし、詳しく聞く
④全員が発言する

チームの文化を作る

未来志向や目的志向への変化が見られたら

文化というと大げさかもしれませんが、コミュニケーションやグランドルールから派生して、**「次はどうやっていく？」という未来志向や目的思考のほうにチームが少しずつ変わっていくことがあります。**そうした変化を感じられたら、相手選手のプレーの否定ではなく「リクエストをする」ことを話し合うのが有効です。もちろん最終的には「そこは少し変えたほうがいいな」というプレーや戦術があるかもしれませんが、選手同士では行動へのリクエストのほうが、「意欲」「やる気」が下がりにくく話しやすいと思います。

ちなみに指導者の方から「選手を否定する発言はダメなんですよね？」と質問されることがあります。その際にお答えするのは、「言葉としての否定系をいい悪いで捉えるのではなく、その言葉が**選手のモチベーションや「意欲」「やる気」にどのような影響を与えるか**で判断してください」です。選手によっては「今日のプレーはよくなかったな。こうやったら圧倒的に勝てたと思うぞ」などを言われたほうが、「意欲」「やる気」が高まるかもしれません。言葉が選手にどのようなインパクトを与えるのか。ぜひそのような視点で使う言葉をセレクトしてみてください。

さて、選手間のコミュニケーションの質が高まってきたら、指導者は見守るだけでなく何を話しているのかを聞くことも意識してみましょう。監督やコーチと積極的に話せる選手もいれば、そうでない選手もいます。そして積極的に話せない選手のなかには「僕は監督に注目されていないし」と感じているケースも往々にしてあります。そのような選手の発言を積極的に聞こうとすることで、参考になることがたくさんあります。また気になったことがあれば指導者から積極的に声をかけ、その選手と2人で話す機会を作ることも有意義な時間になるでしょう。

▶ 文化を作るためにできるもうひと工夫

ミーティングの形

- 選手だけで行う
- 指導者も入る
- 両方をミックスする

グルーピング

- ２人１組や３人１組
- ポジションごと
- 学年ごとや学年のミックス

など

司会

- 監督やキャプテンが行う
- 選手で担当を変える
- 司会担当の選手が次回の司会を指名

など

発表者

- 普段発言の少ない選手が行う
- 学年が下の選手が行う
- 指導者が指名する

など

エピソード
EPISODE

あちこちらが笑顔であふれている空間

武藤 哲哉
テニススクール代表

以前はトップダウンでスタッフに指示をしていた僕ですが、彼らに対しても「最近どうなの？」と仕事と関係のない雑談から会話に入れるようになりました。その影響なのか、仕事の話になったときもスムーズで、信頼関係が深くなったように思います。さらにいいなと思うのがスタッフたちの選手に対する変化です。以前のコーチ陣はレッスン開始直前にスタッフルームからコートに出ていました。それが最近は選手たちとすごく雑談をしています。例えば18時30分からレッスンがはじまるのですが、5分くらい前にはコートに出て、選手たちと雑談をしています。レッスンが終わった後もなかなかスタッフルームに帰ってこないので様子を見に行くと選手たちと話している。明らかに全スタッフの雑談力＝コミュニケーション力が高くなっています。何を話しているのかを詳しく聞くことはないですが、スタッフと選手の表情を見ると、とてもよい雰囲気で話していることがわかります。

僕自身が人の話を聞けるようになり、コミュニケーションが変わりました。それがスタッフや選手たちにも伝わり、今ではスクールが楽しいコミュニティ空間のように思えます。どこでも笑いが増えたよい空間。これを続けていきたいですね。

エピソード
EPISODE

お手本を見せながらよいコミュニケーションにつなげてもらう

佐久田翔太
中学教員
女子ソフトボール部監督

選手同士で話をする場合ですが、僕が学んだコミュニケーション方法のレクチャーをすることがあります。以前は「なんでそんなことするの？」といった感じが多かったのですが、僕は「みんながよくなるって信じているよ」と伝えることが多いので、少しずつよいコミュニケーションを取ってくれるようになりました。選手がミスをしたとしても僕から「チャレンジしたね」と発信してあげたら、選手間でもミスを責めるのではなく、違った捉え方をしてくれるようになります。こうしたことを繰り返して、お互いを気遣いながらプレーしていってくれたらと思っています。まだはじめてそこまで時間が経っていませんので、これからの変化に期待をしていますが、その片鱗は見えているように思います。

これから新チームになる時期で、いろいろな思いを持った選手がまとまっていく必要があります。どの選手もその子なりの考えや想いを持っています。まずは僕が一人ひとりから話を聞き、悩みなどを紐解き、選手同士がよいコミュニケーションを取れるチームになっていけたらと思っています。

自分も含めて俯瞰して見る

自分目線から脱却する

ここからはスタッフとのコミュニケーションのヒントを述べていきたいと思います。

スタッフに関しては、①自分とスタッフとの関係性、②スタッフ同士の関係性があると思います。このうち皆さんに直接関係することは①だと思いますので、ここを中心に述べていきます。

スタッフとの関係で起きがちなことは、選手と同様に**自分目線でしか相手を見ていない**ことです。

そこでおすすめな方法は、**自分を含めて登場人物を俯瞰すること**です。具体的なやり方は128ページで紹介しましたが、俯瞰して見ることでスタッフへのアプローチが変わることは現場でもよく感じます。128ページではホワイトボードに登場人物を描きましたが、左にあるようにすべての登場人物を付箋に書き出したり、1枚の用紙に絵を描いたりする方法もあります。こうした見方をぜひ試してもらいたいと思います。ドラマや映画などでよく目にする登場人物の紹介がありますが、これは視聴者の興味を掻き立てるように登場人物の役柄（性格）や相関図による人物の関係性をわかりやすく解説しています。そのくらいまで自分も含めて俯瞰できると、かなりスタッフの見方が変わります。

また全体を俯瞰して見るだけでなく、**相手の立場に立って見ることも大切**です。全体を俯瞰した後に相手の立場に立って自分やスタッフ間を見ると、また新しい発見や気づきがあるでしょう。

付箋を使って俯瞰する

STEP 2 それぞれの距離感を調整して見る　　STEP 1 登場人物を書き出す

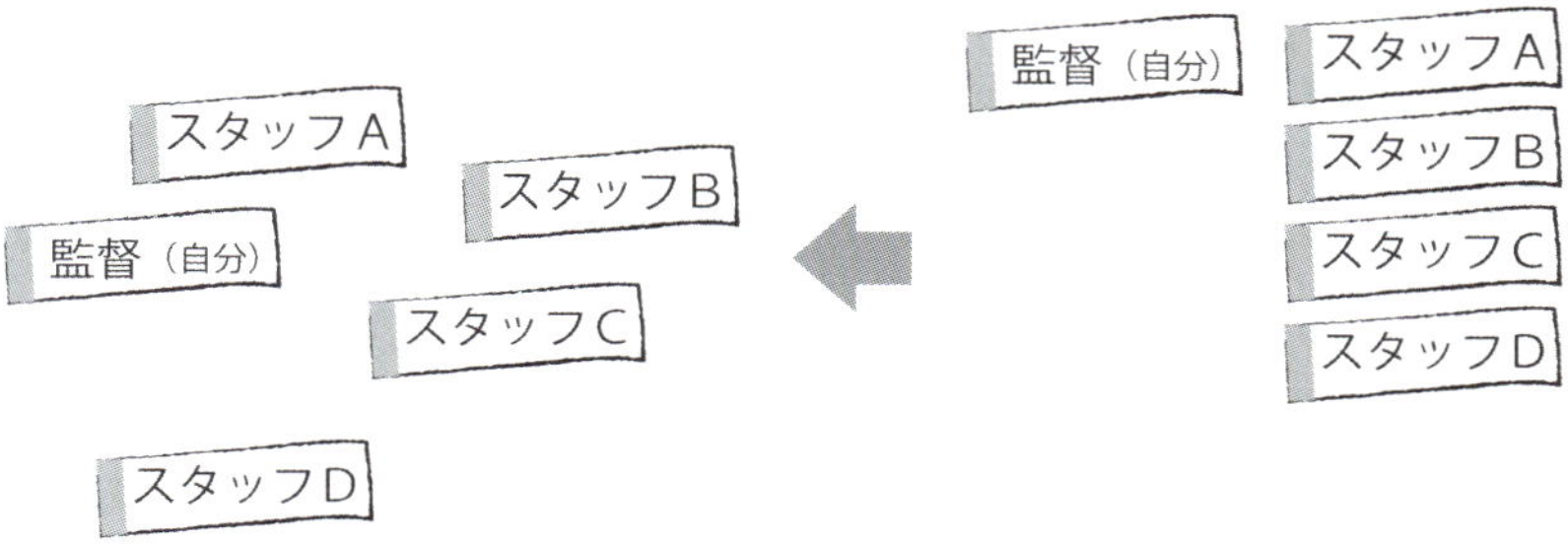

人物紹介や相関関係も含めて俯瞰する

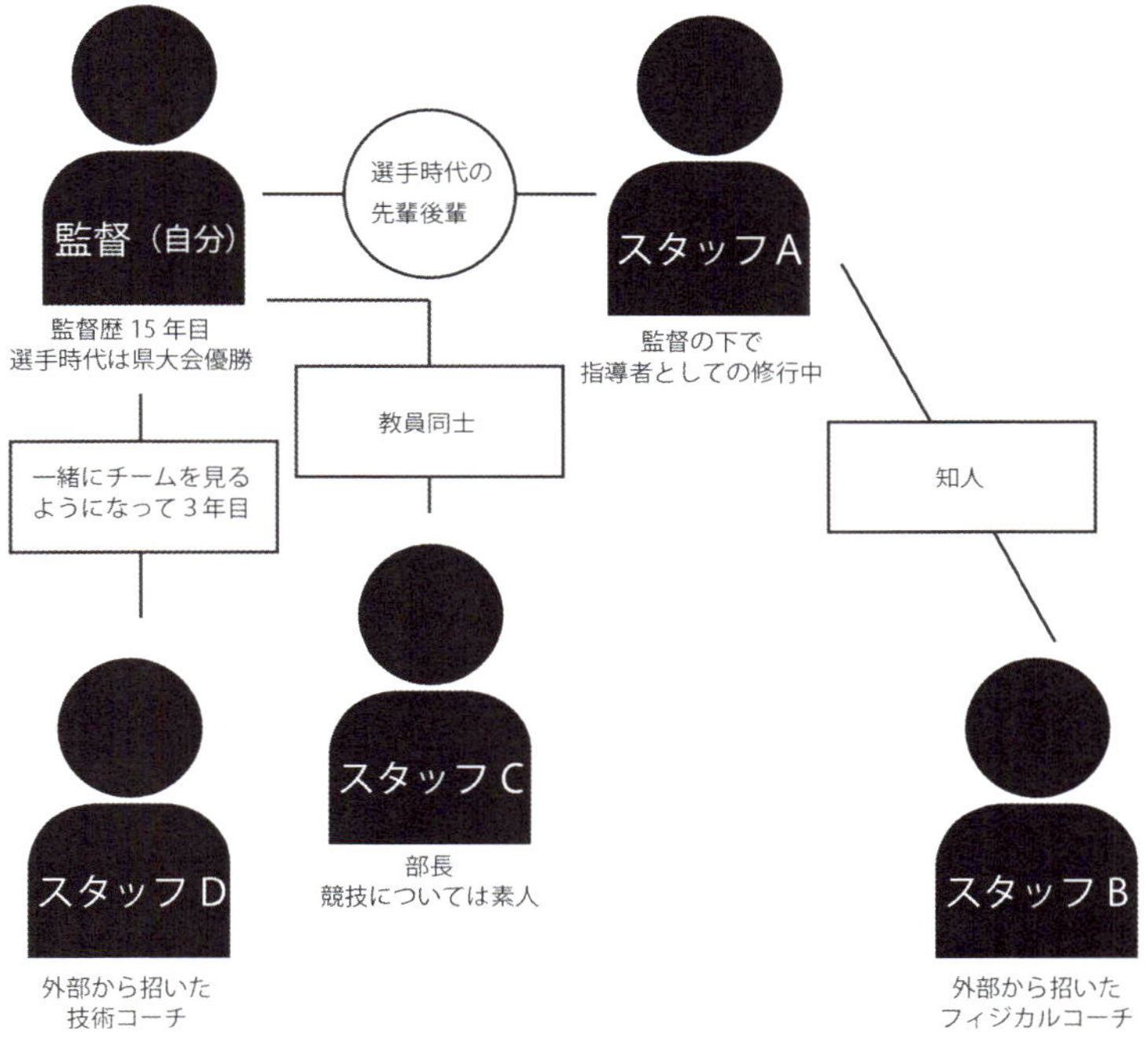

本音で話せる機会を作る

本音で話せていない前提で聞く

俯瞰して見ることと重複する部分もありますが、スタッフとの関わりで意外と共有できていないことやおざなりになりやすいことが、「**それぞれが本当にやりたいこと**」です。日頃から一緒に練習を見ることが多い分、「同じことを考えてるよね」「わかり合えてるはずだ」という思い込みを持ちやすくなります。こうした思い込みがあると、スタッフからそれぞれの想いを聞

▶ スタッフの本音を聞くために

現場で起こりがちなこと

- 想いを共有できているという思い込み
- 思いを話してくれているという勘違い
- スタッフから聞くことをおざなりにしている

など

「本音で話せる機会を作る」

く機会を作ることはほとんどないでしょう。ここは定期的に改めて聞く機会を作ることが重要です。

チームスタッフとして結果や数値目標の共有はできているでしょうが、それぞれが指導者として目指しているところや選手たちになってもらいたい未来像は異なると思います。それをお互いに出し合ってみましょう。

以前都内の私立高校で、校内のすべての部活の監督とスタッフに対してセミナーを行う機会がありました。そこで話を聞くと、同じ部であってもスタッフ陣でキャラクターや考え方が異なるという声が少なからず聞こえてきました。学校の部活動は教育の一環という基本がありますし、そこはすべての先生が持っている思いでしょう。ところが「競技力を高めて勝つ」ことが最優先の先生もいれば、「学業との両立が大事」や「選手たちの人としての成長が最優先」だと考える先生もいました。こうしたバランスの違いがあることは、このセミナーで初めて知ったという先生もいたのです。話を聞いたからといってすぐに解決できる要素ではありませんが、**少なくとも現状把握という意味では「どういったことを大切にしているのか」を聞くステップが必要**だと改めて思いました。結果が出る出ないは当然ありますが、少なくとも「結果が出なかったとしても、よかったねって思えることはどういうことなのか」は、指導者間やスタッフ間で押さえておく必要があるでしょう。

それから監督やスタッフが同じスポーツの経験者である場合は、自然に先輩後輩という上下関係が生まれるでしょう。そうなると「後輩は本音では言えない」という状態になっていることが少なくありません。現場で「結構みんな話してくれますよ」といった監督の感想を聞くことがありますが、スタッフに話を聞いてみるとそうでもないなと感じます。皆さんが上の立場であれば、「本音で話せていないかもしれない」という前提を持ち、いつも以上に話を聞いてみてください。

スケーリングでそれぞれの想いを見える化する

見える化してディスカッションする

皆さんが後輩など下の立場のコーチや指導者だとしたら、お互いの想いを知るためにどうしたらよいでしょうか？

監督や先輩の考え方にもよりますが、「モチベーションが長続きするために選手1人ひとりの想いを聞きたいですよね」など選手から話を聞くことを提案してみましょう。そしてその延長で「改めて、監督が大切にしたいことを教えてください」「（先輩コーチに対して）○○さんはどうですか？」と話を広げていくやり方がおすすめです。

また**見える化**することも効果があるでしょう。例えば「現状のチームこんな感じ」「未来はこうなってたらいい」ということを付箋に書き出してもらいます。そうすることで「お前はこんなこと考えていたのか」と知ってもらう機会になるでしょう。

「スケーリング」もよいでしょう。「チームや選手がこうなったらいい」「でもできてない」という現状があったとします。そうしたら「できてない度合い」や「できている度合い」がどのくらいかを直感的に数値化します。そしてスタッフ間で出た数値が近ければ「いつ頃までに、どれぐらい上げていったらいいか」をディスカッションできるでしょう。

逆にそれぞれの数値に差がある場合には、「なんでそう思ったのか」をディスカッションのベースにできます。

やり方

「チームや選手がこうなったらいい。でもできていない」という現状に対して「できてない度合い」や「できている度合い」を数値化する

全スタッフがそれぞれ数値化

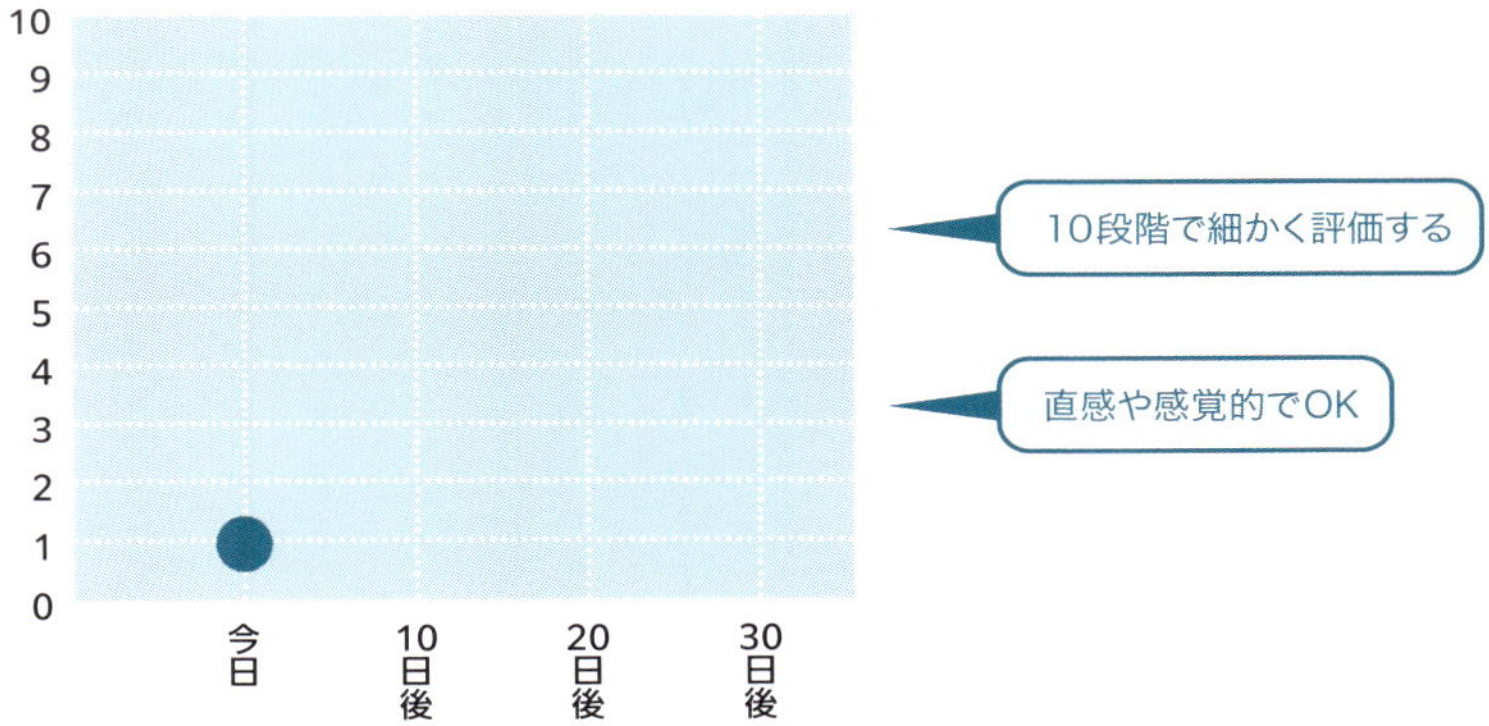

なぜそう感じたのかをディスカッションする

チームの方向性を具体化する

あいまいな指示は混乱を生む

現場に行くと、意外にチームの方向性が共有されていないと感じることがあります。例えばあるバスケットボール部では、監督が選手に対して強く言う分、コーチ陣にフォロー役をお願いしたいというスタンスで練習をしています。ある日監督がコーチに「あとは任せた」という感じで振ったのですが、コーチからすると任せられている領域がわからないと言うので

▶ 任せることや任されることを明確化する

任せる側は

- どんなチームにしたいのかという想い
- 具体的に何を任せたいのかという役割
- 判断基準

など明確化する

任せされる側は

- 顔色を見なくてもよい理解度を持つ
- 不明な点は確認する
- 聞きにくくても選手を最優先に考える

などができると理想的

す。コーチが選手に身振り手振りで動きを伝えると、監督に「そこまでやらなくていい」と言われたこともあり、コーチはどこまでフォローするのかを、監督の顔色をうかがいながら感覚で見極めながら行っていたそうです。「もっとああして欲しい」「そこは出過ぎ」など、1つひとつの行動に対してダメ出しのように言われると、お互いが「？」なまま進んでいくことになります。そうなると方向性もあいまいになってしまうでしょう。

　こうしたスタンスだと選手たちも困惑するようで、「コーチに言われてやったことを監督に怒られた」「監督に言われてやったのにコーチに注意された」といったことが起きてしまいます。監督やコーチにすれば同じことを言っているつもりでも、言葉が変わると選手たちの受け取り方が変わってしまうことがあります。指導者側が伝えきれていなかったり、選手側が聞き取れていなかったりを繰り返すと信頼関係が失われ、チームが内側から崩れてしまう原因にもなります。**指導者側がお互いの役割を明確化し、伝える言葉や意味を共有することは非常に大切**です。同時にこうしたことがなされていなければ、非常にもったいないことが起きてしまいます。

　結局このチームは監督が「ねばり強くいきたい」と話し、ねばり強さについて3つのキーワードを出したそうです。そして少し具体化された後はコーチも「これはねばり強いのか？」という判断基準ができ、任される範囲の探りや様子の見合い、探り合いがなくなったそうです。これは多くの指導者にとってあるあるの出来事かもしれません。任せる側は「どんな思いでやっている」「この役割を任せたい」「基準としてはこれをベースにしてくれ」などを明確化しましょう。また、任される側は言いにくいと思いますが選手たちのことを考え、「もう少し具体的に教えてください」「僕はここまでやってもいいですか？」など、**行動の指標を持てると理想的**です。

エピソード
EPISODE

ヘッドコーチとの毎晩の会話がもたらす変化

園 吉洋
ジュニア陸上指導者

最近、ヘッドコーチがやたらと話しかけてくるようになりました。練習が終わって競技場が閉まった後に30分ほど話すのですが、帰宅してから毎晩のように電話があります。どうしてかというと、おそらく自分の指導に不安があるのだと思います。そこで私はただ彼の話を聞いています。私が「聞く」「伝える」というコミュニケーションを学んだことが大きいのでしょう。ヘッドコーチは想定外のシチュエーションが生まれた際に、私に聞くと自分の探求がはじまることを経験しています。例えば「AとBはどちらがいいと思いますか？」と尋ねられたら、「Cというパターンがあったらどう思う？」と返します。すると「そんななパターンもあるのですね」といってヘッドコーチは自分会議をはじめて答えを考え始めるのです。その頃には以前あった「不安」は大したことではないことに気づき、自分の考えに自信を持ちはじめていました。

自分会議の結果は、ヘッドコーチと選手たちの会話にも表れています。以前は「あいさつしなさい」と言ってしまいましたが、最近は「あいさつするともっと応援してもらえるよ」などの言い回しに変わりました。伝え方の変化で選手たちがあいさつをするようになったことで、伝え方の大切さを感じたのでしょう。私がコミュニケーションを学んだことで、周りにもこのような変化が生まれています。

エピソード
EPISODE

自分の想いを正しく伝えられている？

渡辺なおみ
アスリート道場「BUSHITSU」経営・チームトレーナー
（旭化成陸上部、強豪男子高校バレーボール部）

以前教えた選手たちが今ではスタッフや指導者になっている場合があり、彼らの成長を間近で見られることはとても幸せです。一方で、指導者としてのコミュニケーションを誰からも教わっていない現実があります。そうなると自分の経験ベースで話をすることになります。本来であれば自分の考えを整理しつつ、選手と一緒に考えていくことが求められますが、まだその方法がわからないのです。

ある日、一人の選手に対して「もっと積極的になってくれるといいんですが…」と言う指導者がいました。私が「積極的になるってどういう風になったらOKなの？」と尋ねると、「走るときに先頭集団で走ってくれたら」と答えたのです。私が続けて「先頭で走ってくれたら積極的なの？　他には何か具体的にない？」と聞くと、言葉が出てきませんでした。指導者が本当に伝えたいことと、口にする言葉がマッチしていなかったのです。それでは選手も理解できなくて当たり前ですし、指導者によっては「言ってもできん」と口にする。上手く伝えられていないのですから、伝わらなくて当たり前。指導者自身がしっかりと整理し、正しい言葉で伝えることの大切さを感じた1日でした。

保護者との共有ゾーンを作る

自分の想いを伝えておく

ここからは保護者との関わり方のヒントを述べていきます。

先日ミニバスの指導者の方と話していたときに一番盛り上がったテーマは、**「三位一体」**という意味合いの内容でした。つまり指導者と選手、そして保護者がいかに共通言語を握れるかということです。よい意味で、いかにして保護者をチームに巻き込むかが非常に大切だと再確認できました。

指導者の立場からすると、指導者側と選手間で共通言語を作ることは非常に大切です。そして家に帰った後に親御さんから練習内容やチームのことを聞かれる選手も多いのですが、特に小学生など年齢が低い選手たちにすれば、すべてを自分の言葉で親に伝えるには難しい面もあります。保護者の方々に誤解を生ませないためには、「チームとして、部としてやろうとしていること」を指導者側が直接伝えることが非常に大切ですし、このことが伝わっているかいないかで、三位一体になれるか否かに大きく影響します。

クラブチームの場合には、クラブの活動方針や育成方針が明確化されていることが多いため、選手たちも保護者も自分たちの目指したいことにあったクラブを選択できます。ところが部活動の場合には、さまざまなニーズを持つ選手が集まるケースがあります。保護者の要望にしても、指導者がやりたいこととは異なる場合もあるでしょうし、それがトラブルに発展することもあります。そうした事態を防ぐためには、「選手一人ひとりの成長があるからこそ競技力も最大化される」「選手たちの成長があるから結果が出ることにつながる」など、**指導者が目指すチームや大切にしている想いを保護者にも説明しておく必要があります。**

選手たちの話を聞くところでも紹介した「1人ひとりの成長の最大化」や「違う人たちが集まった中でのシナジーの最大化」ということも、ぜひ伝えてください。そうして思いが共有できると、保護者の方との関わりもやりやすくなります。

想いの共有ゾーン

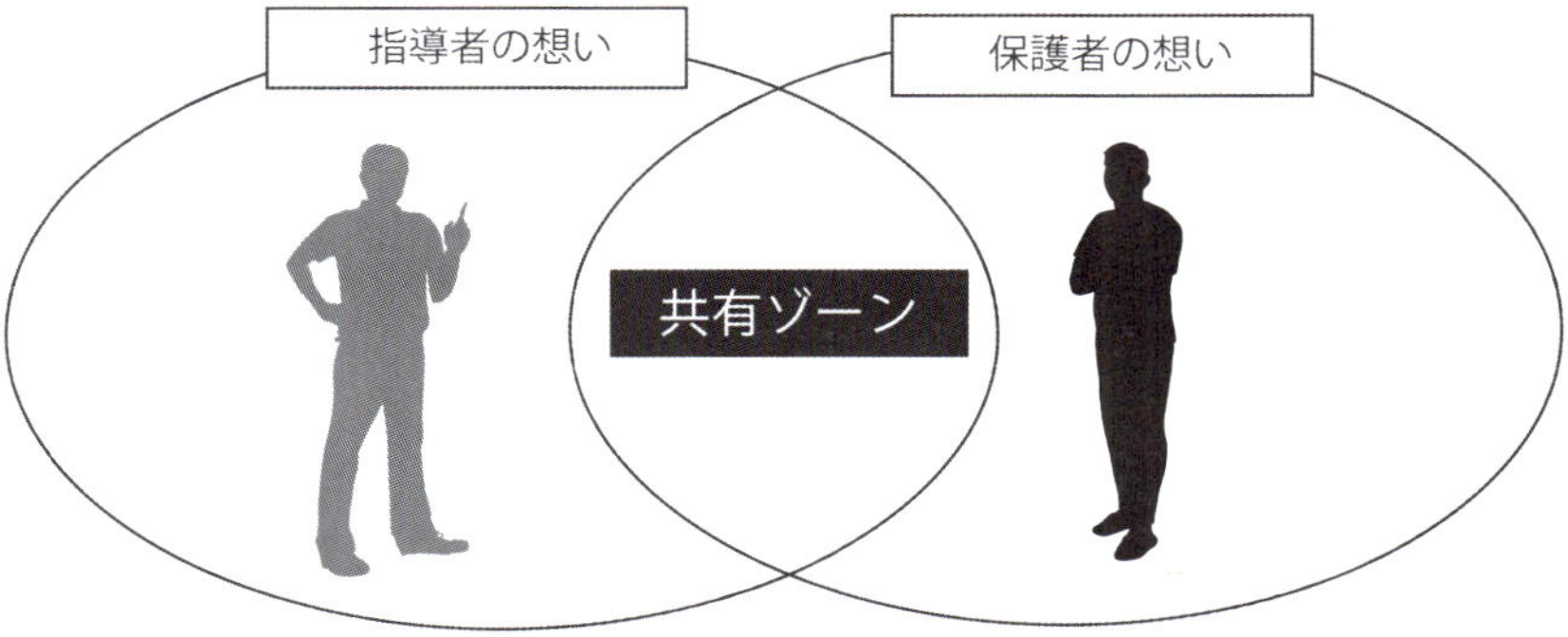

選手たちのありのままを長いスパンで見てもらう

選手たちの成長を一緒に見守ってもらう

選手の年齢にもよりますが、保護者の方にも**選手の成長を長いスパンで見てもらう**ことはとても大切です。例えば成長が早熟の子は神童的な扱いをされる反面、遅咲きの子も存在します。特に現場の指導者の困りごととして聞くのは、保護者が子どもに対して「うちの子は全然うまくならなくて」「うちの子は◯◯と比べたらまだまだ」などと謙遜や卑下した言い方をすることです。選手たちの一番の応援団であり味方は保護者であることに間違いありません。その保護者がこのようなことを言ってしまうと、選手の「意欲」「やる気」が下がったり、わくわくするようなトライができなくなってしまいます。こうしたケースでは保護者に「ダメ出しをすることを止めてください」と伝えるのも大事かもしれません。

また最近ではこの逆で「うちの子は誰よりもすごい」「うちの子がエースでしょ」などの発言をする保護者もいるようです。「人は一人ひとりが違う存在」「人と違っていい」などと伝え、特定の選手を特別視しないようにすることもチームによっては必要でしょう。

選手たちそれぞれの個性を大切にしつつも、「伸びしろはまだまだある」「選手たちの可能性は無限大」ということを伝えてください。そして、自分の子たちを評価・判断・分析するのではなく、起きていることを丸ごとそのまま受け止めてもらえるような立場でいてもらえるようになると、よいことが起きるように思います。

選手との関わりを考えてもらう

特別視したり、評価判断分析モードで
わが子を見てしまうケースが少なくない

目の前のプレーや起きていることを
丸ごとそのまま見てもらう

一番の応援団である保護者の話を聞く

保護者との関わりが変わるとチームが変わる

ある指導者が「コロナ禍を経た今は、保護者との関わりはとても薄くなってしまいました」と話していました。以前は保護者同士で子どもたちの軽いグチや今起こっていることを話したり、お互いに相談し合うことができていたそうです。それが最近はすべて指導者に聞いてくるようになったのだそうです。**保護者同士がコミュニケーションを取る場づくりをすることも大切かもしれません。**大会前に保護者の方々にコミュニケーションのセミナーを行ったのですが、その内容は本書で紹介していることを抜粋したものです。指導者の方にとても喜んでいただきました。「保護者の皆さんが楽しそうに話をされている」「応援の準備に非常に強力的に取り組んでくださる」といった変化が起こり、全員でチームや選手を応援してくれる空気感が高まったそうです。

保護者の方とこうしたよい変化を起こすためには、皆さんが保護者の話を聞いてみることです。保護者の方々の想いを知らずに取りまとめようとしても、非常にハードルが高くなってしまいます。ところが聞く機会を作ることで、すべてではありませんが、解決できることもでてくるでしょう。例えば保護者が指導者やチームに対しての違和感があるとわかれば、対策の打ちようがあります。選手に対する接し方が聞けると、家庭でよい関わりをしていただくお願いができるかもしれません。

人数が多い、全員が一堂に会す

保護者の話を聞く

保護者の話を聞く

○くん、そろそろ進路を考えてますか？
○△高校に行きたいみたいです。勉強よりも自主練が増えて……

グループで話してもらい代表者から話を聞く

最後の大会で叶えたことの話をされますか？

機会がないなど、保護者全員に対して聞くことが難しいケースもあるでしょう。そのような場合には例えば3つのグループに分かれてもらい、具体的なテーマについて話し合ってもらいましょう。そして各グループの代表者に発表してもらうだけでも、想いが握れます。

先ほども述べましたが、選手たちの一番の応援団であり味方は保護者です。その方々には当然子どもやチームを応援してくれる気持ちがありますし、よい関係性が作れたら、チームの雰囲気をよりよくしてくれます。

COLUMN

「こう考えているな」という思い込みに注意

パート2で指導者の思い込みについて述べましたが、これは選手間やスタッフ間、保護者と選手間でも同じようなことが起こえり得ます。選手たちやスタッフ、保護者が安心して話をしてくれるためには、「なにを話しても大丈夫」という安心安全の場を作ります。そしてパート2で実践したように選手やスタッフ、保護者の話をじっくりと聞いてください。自分：相手が1：9になるくらいの会話の配分を意識しましょう。そして「一人ひとりは違う」という前提で聞くことです。皆さんは本書ですでに実践してきましたが、多くの方は「自分とは少しだけ考え方が違うだろう」という見方をしてしまいがちです。そのような見方をすると「このくらいはわかるだろう」という思い込みにつながりやすいため、ぜひスタッフや保護者にも思い込みをせずに話を聞くことの大切さを伝えてください。

「自分とは少しだけ違う」考え方の捉え方と関係性

「一人ひとりは違う」前提の捉え方と関係性

PART

5

指導者あるある Q&A

指導者Q&A

Q1 選手のやる気が感じられない、言われないとやらない

A1

聞き方ポイント

まずはその選手に、何が起きているのかを聞いてみましょう。やる気が感じられない背景には、「試合のメンバーに選ばれない」など競技に関連することだけでなく、「体調が悪い」「気になっていることがある（進学、勉強、家、人間関係……）」など様々な理由があり得ます。そしてこの原因がわかることで対処の仕方が見えてくることも多いようです。

エピソード

高校野球部の3年生選手はキャッチャーですが、しばらくベンチに入れず2、3カ月間やる気をなくしていました。指導者が彼に何が起きているのかを聞いたところ、自分の存在意義が感じられないとの返答でした。さらに丁寧に選手の想いを聞いたところ、「ブルペンキャッチャーとして、試合前のピッチャーのフィジカル面やメンタル的をよい状態にして送り出すこと」「それがチームにとても大切な自分の役割だ」ということに気づくことができ、その後は笑顔で練習や試合に臨めるようになりました。

指導者Q&A

Q2 モチベーションを上げたい

A2

聞く・伝える・場づくりのポイント

選手の「やりたい」や「やれる気」が高まることが大切です。そこで①課題や苦手なものにフォーカスしすぎずに、好きなプレーや得意なプレーを認識できる機会を作ることも有効でしょう。お互いの理解にもつながり、全体の底上げにもなります。②チーム全体の数値目標だけではピンとこない選手もいるので、それぞれが自分事になるような具体的な目標を作れるといいですね。他者と比較せずに自分自身の技術力がアップできるような目標設定がおすすめです。

エピソード

ある高校女子バレー部では、高みを目指す気持ちが強いばかりに選手同士ができていないところの指摘をすることが多かったのです。その結果としてモチベーションが下がってしまっていました。指導者の働きかけで、お互いの「すごいな」と思う動きや技術、取り組む姿勢などを伝え合う場を作ったところ、一人ひとりの表情がみるみる変わり、チーム全体のモチベーションが上がりました。

指導者Q&A

Q3 伝えたことが理解できたかどうかがわからない

A3

聞き方ポイント

「わかったか？」と聞いてしまうと、だいたいは「はい」という答えが返ってきます。選手の理解度合いを確認するためにおすすめなやり方は、何人かに個別に聞いてみることです。どのように理解したのかを本人の言葉で表現してもらうことで、どれくらい理解できたのかが把握できるでしょう。選手によって違う解釈をしていることは度々あります。選手が理解できなかったときにも、そのことを選手が正直に言えるような雰囲気や場作りが何よりも大切です。そして、理解できていない選手がいたとしてもその選手を責めるのではなく、伝え方の工夫をしたいですね。言葉で説明するだけでなく、図を書いたり、身体を動かしたりしながら説明することもおすすめです。

エピソード

サッカー部の監督が戦術の説明をしました。その後、選手たちに2人組になってもらって確認したところ、多くのメンバーが違う解釈をしていました。このことをきっかけに監督は、理解度合いを確認することの大切さを知ったのです。

指導者Q&A

Q4 伸び悩んでいる選手にどう関わるとよいのか？

（今声かけるべきか、放っておいたほうがいいか、声かけるタイミングは？）

A4

聞き方ポイント

まずは本人が「どう感じているのか」「何が起きているのか」について、普段より丁寧に聞いてみましょう。伸び悩んでいるときは視野が狭くなっていることも多いので、「これまでに取り組んで手に入れてきたこと」や「将来どんな風になっていたいのか」についてイメージするなど、視野が広がったり、視点が変わる問いかけを心がけてみましょう。伸び悩んでいるときは気持ちも落ちがちですが、口角を上げ、胸を開いた姿勢を取ることで、よりポジティブな解決策が浮かびやすくなるでしょう。

エピソード

中学女子バスケ部のある選手は。伸び悩んでいて硬い表情が目立っていました。彼女に「調子がよかったときはどんな表情をしていた？」と聞くと、最近は見ない素敵な笑顔をしてくれたそうです。そのような笑顔をしながら「過去のよかったときの話」や「本当はどうなりたいのか」について話をしてもらうとポジティブなアイデアが出てきて、「まずはやってみます！」と力強い言葉が聞けたそうです。

指導者Q&A

Q5 本番に弱い選手に対して、緊張を和らげたほうがよいのか？どう声をかけたらよいのか？

A5

接し方のポイント

試合で緊張することを前提にして、「どんな準備をしておくとよいのか」を事前に整理をしておくことが大切です。①選手が自分自身でできること、②チーム全体としてできること、③指導者だからこそできることなど、それぞれについて話し合うとよいでしょう。例えば、選手一人ひとりは「身体を大きく動かす」「肩の力を抜く」など、何が自分にとってよい状態を作るのかを事前に決めておきます。チーム全体としては、「頼んだぞ！」という言葉で力が出る選手もいれば、逆にその言葉がプレッシャーになる選手もいます。そこでどのような声をかけて欲しいのかについて、普段からチーム全体で把握しておきます。

エピソード

高校野球の試合でガチガチになっている選手がいました。監督から彼に対してポジティブな声がけがあったことで選手は我に返り、「自分がやる」と決めていた大きな声を出すことを思い出したのです。その結果緊張がほぐれ、よいパフォーマンスにつながりました。

指導者Q&A

Q6 注意や指摘をどう伝えるとよいのか

A6

伝え方ポイント

間違った行動を指摘したり注意をする場合には、余計な言葉を言わないようにしましょう。例えば、「何度言ったらわかるんだ」「だからお前はダメなんだ」といった主観的な言葉は、行動ではなく選手自身を攻撃する場合があります。すると選手の意識は強く否定されたことに向いてしまい、①自信をなくす、②注意の効果が半減する、③フォーカスがずれる、ことになります。また、「指摘や注意で終わらずにどうするとよいのか」「選手にどうして欲しいのか」を具体的に伝えるとよいでしょう。さらに、改善されることでどんなよいことが起こるのかを想像してもらうと、より効果的です。

エピソード

中学野球部のある選手は、いつもグラウンド整備をさぼっていたため、注意され続けていました。注意が届かないため、監督は「自分から真っ先に行動できたら、チームにどんな影響があると思う？」と聞いてみました。するとこの選手は、「みんなびっくりする」「A君すごいな」と言われると答えたのです。よい未来が描けた結果、積極的に動くようになりました。

指導者Q&A

Q7 経験を押しつけずに自主性を育てたい。どうしたらよいだろう？

A7

やり方のポイント

自ら考え、選択し、行動する機会を増やすことで主体性が育まれると言われています。そのために、①自分たちで考える、アイデアを出す、②選んでやってみる、③振り返る（うまくいったことと次に工夫したいこと）などを行い、これらのサイクルを選手が自ら回していくような仕組みを作ってみましょう。指導者が少し手伝ってあげることで取り組みやすくなることもあります。すべてをいきなり選手たちに任せるのではなく、できるところから少しずつチャレンジしてみてください。

注意点

①に対して「そんなんじゃ意味ないな」「その程度か」など出したアイデアを否定する、②に対してうまく行かなかったときに「ほらみたことか」などやったことに対して否定する、③に対して「わかってないな」などで否定する。このような言動は、選手たちのやる気を損ない自ら考え選択し行動する機会を奪ってしまいます。十分に注意してください。

指導者Q&A

Q8 チームの雰囲気作りはどうしたらよいのか

（やる気がない選手の差がある。このギャップをどうしたらよい？）

A8

聞き方ポイント

森（チーム）全体を一度に動かそうとするのではなく、森に大きな影響を与える木（個人）にフォーカスを当てます。個人が動き出すためはどうするとよいのかを考えましょう。また森はおおよそ次の3つに分けられます。（A）やる気の高いグループ、（B）状況によってやる気が高くも低くもなるグループ、（C）やる気の低いグループ。とくに（B）や（C）であれば、チーム全体への影響力が大きい選手にフォーカスを当てます。その選手が、①成長を感じることができる、②チームの仲間をより信頼できる、③チームへの貢献感を味わうことができる、ために指導者としてできることを見つけましょう。

エピソード

高校ラグビー部の3年生が、怪我のリハビリ中にモチベーションが下がってしまいました。その結果、真剣に練習しているチームの足を引っ張るような言動を繰り返していたそうです。そこで監督は「影響力の大きさとチームへの貢献に関する期待」を伝えました。するとチームの雰囲気が高まるような働きかけをするようになったのです。

指導者Q&A

Q9 保護者の対応、とくに子どもが試合に出られる出られない問題はどうしたらよい？

A9

伝え方ポイント

指導者の方針や考えをしっかりと伝え、理解してもらう場を設けることは、すでに行なっているでしょう。さらに個別に話す必要があれば時間を作り、保護者の想いや考えに耳を傾けてみましょう。とくに保護者間で、憶測や噂話が広がることは避けたいところです。そのためにもまずは、相手の話をしっかりと聞いてからこちらの考えを伝えるとよいでしょう。それによってお互いの理解が深まり、これまで批判的だった保護者が逆に協力してくれるようになった事例もあります。また、試合に出すか出さないかについては、選手にもその意図を明確に伝えましょう。納得がいかないようであれば、選手と個別に話をすることも大切です。

エピソード

高校女子バレー部の指導者の話です。保護者と話をする時間をしっかりと設け、まずは保護者の想いや考えに耳を傾けることを実践しました。するとその後のクレームが激減し、試合での雰囲気もよくなり、指導者自身も保護者対応のストレスが減りました。

指導者Q&A

Q10 複数で指導にあたっているが、指導方針のギャップにどう対応したらよい？

A10

やり方のポイント

自分が上の立場か下の立場かによって、工夫すべきポイントが変わるでしょう。とくに下の立場で指導方針に違いがある場合は、対応の工夫が必要です。お互いの指導方法について、ポジティブにディスカッションできることがベストですが、一旦指導者の存在を脇に置き、選手たちの状況や状態にフォーカスを当ててコミュニケーションを取ってみましょう。それによって、より円滑にディスカッションできると思います。おすすめは次の2つです。①付箋を選手に見立ててチームの状態を見える化する、②選手の名前を書き出して、全員の競技力の高さとモチベーションの高さをスケーリングする。

エピソード

中学バスケ部では複数の指導者が指導をしていました。ある日、それぞれが「どのようにチームや選手の状態を捉えているのか」を確認することにしました。それによって認識のズレが解消でき、遠慮していたことについても、その必要がないことがわかったのです。

あとがきにかえて

選手と指導者は対等な関係が理想

私はこれまで自分で何か考えたとしても、それを人に言うことがほとんどありませんでした。それが柘植さんと出会って自分の想い、よい想いもそうではない想いも口に出すことで、いろいろな変化が起こりました。自分の想いを話すことで、自分が考えてもみなかった解決方法が生まれ、行動が変わったのです。

例えばレスリングの試合で「頭をクリアにしたい」と考えました。これまででよかった試合を思い出すと、試合中に頭がクリアになっていて、パパッと整理し行動に移れていました。それがよくない試合では、頭が冴えていないような感覚で、「今だ！」と思えないタイミングでタックルに入ってしまったりしていました。そこで柘植さんから「試合前になにか、頭をクリアにできることはないかな？」と言われて出てきたのがカラーコーンをタッチすることです。

もともとは、勉強しているときの頭の回転力が浮かびました。久しぶりに計算をしようとしても「なんか遅いな」と思うことがありますが、1週間ほど経つと計算がすごく早くなるのです。そこで「頭の中がそんな感じになればいいいな」と考えながら置き換えてでてきたことがカラーコーンでした。自分の周囲360度にいろいろな色のカラーコーンを置き、「赤」「青」など誰かのかけ声でそのコーンにダッシュしてタッチするのです。素早くタッチするためには、どの色がどの方向にあるのかを記憶しておく必要があります。それを試合前に行うことで瞬時に頭のなかでいろいろなことを考えられ、「頭をクリアにする方法」が見つけられました。これは自分だけでは想像もつかず、出てこなかったことです。

いろいろな指導者の方がいますが、なかには「自分の意志に従え」といった古いやり方が残っている部分があると感じます。一方で私たち選手が望むことは、「もう少し自分の考えを伝えたい」「声をかけられる態度や雰囲気を出してもらいたい」ことです。もし選手が言葉にして伝えたとしても、指導者側に突き放すような言葉を放たれてしまうと、選手は壁を作ってしまいますし、恐怖を感じてしまいます。

少しでも指導者が選手の親身になり「君が想っていることを聞きたいんだ」という姿勢になってもらえたら、選手はもっと強くなれ、もっと成績が出る可能性が高くなります。そうしたコミュニケーションでは、選手がなんとか伝えようとしていることを聞いてもらえたり、指導者がなにも言わずにこちらの発言を待ってくれるような空間が大切です。そういった意味では、選手と指導者が対等な立場であることが理想だと思います。

選手たちにとっては指導者の関わり方がとても大切です。柘植さんが書かれたこの本で、選手と対等な立場に立てる考えをもっていただけたら、選手たちにとってとてもよい環境が生まれると思います。

パリオリンピック レスリング68kg級 銅メダリスト
尾﨑 野乃香

著者プロフィール

柘植 陽一郎（つげ・よういちろう）

1968年生まれスポーツメンタルコーチ。一般社団法人フィールド・フロー共同代表。KDDIグループにおいて10年間広報に従事した後、2005年にプロコーチとして独立。2006年よりスポーツに特化したコーチングを用いて選手、指導者、チームをサポート。2014年から日本で、2017年から韓国でスポーツメンタルコーチの育成を始める。スノーボードナショナルチーム、ラクロス男子日本代表、ラグビートップリーグチーム、バレーボールVリーグチーム、Jリーグトップチームなどのメンタルコーチを歴任。試合・大会でのサポートも積極的に行い、海外でのサポートとしては、カナダ、アメリカ、スペイン、中国、ベトナム、イスラエルなど。世界で活躍するプロ選手から中学高校の部活動、スポーツ少年団まで幅広くサポートする。また全国での講演会や勉強会を通じて指導者や保護者のコミュニケーションの質向上に取り組む。ビジネスサポートでは、エグセクティブコーチング、役員研修、講演会などを行っている。

柘植 晴永（つげ・はるえ）

1968年生まれスポーツメンタルコーチ、一般社団法人フィールド・フロー共同代表。これまで学んださまざまなメソッドを活かしつつフィールド・フロー設立と同時にスポーツに特化したコーチングへ。元WBO世界ミニマム級チャンピオン第63代日本ライト級チャンピオン、OPBF東洋太平洋ライト級チャンピオンを複数年サポート。またシーズンを通して複数名のJリーガーをサポートにも関わる。意識の領域を広げ自己探求とパフォーマンスアップに貢献すると共に、一人ひとりの個性を大切にしながら人生全体を応援。思考・感情・身体の繋がりを深く探求するワークショップ等も開催。子どもからトップアスリート、選手や指導者、保護者含め幅広くサポートしている。

●制作協力
篠原 真樹（カマタマーレ讃岐）
吉田 拓郎（ヴァンフォーレ甲府）
関原 凌河（サンフレッチェ広島）
尾﨑 野々香
内山 玲子
内山 由綺
渡辺 なおみ
佐久田 翔太
園 吉洋
鈴木 孝至
堀越 郁郎
森本 泰司
岡部 光人
渡邉 祥雄
武藤 哲哉
山野 明美
矢野 伊俊

●編集
佐藤 紀隆（株式会社Ski-est）
稲見 紫織（株式会社Ski-est）
http://www.ski-est.com/

●デザイン
三國 創市（株式会社多聞堂）

●マンガ、イラスト
楢崎 義信

スポーツメンタルコーチング
「聞く」×「伝える」で生み出すコミュニケーション

2024年10月24日　第1刷発行

著　者　柘植 陽一郎、柘植 晴永

発行人　永田和泉
発行所　株式会社イースト・プレス
〒101-0051
東京都千代田区神田神保町2-4-7 久月神田ビル
Tel.03-5213-4700 ／ Fax.03-5213-4701
https://www.eastpress.co.jp

印刷所　中央精版印刷株式会社

ISBN 978-4-7816-2397-9
C0075